U0037353

新時代思維的偉大搖籃

偉大搖籃

百年北大的遞嬗與風華

龐洵 著

國家圖書館出版品預行編目資料

新時代思維的偉大搖籃——百年北大的遞嬗與風華／

龐洵 著 . —初版— 臺北市：信實文化行銷，2008.09

面 ； 公分

ISBN 978-986-6620-16-4（平裝）

1.北京大學 2.歷史

525.8211/101   97015719

STYLE 08

新時代思維的偉大搖籃——百年北大的遞嬗與風華

作　　者：龐洵

總 編 輯：許汝紘

主　　編：胡元媛

執行編輯：黃心宜

美術輯編：張尹琳

發　　行：楊伯江、許麗雪

出　　版：信實文化行銷有限公司

地　　址：台北市大安區忠孝東路四段341號11樓之三

電　　話：（02）2740-3939　　傳　　真：（02）2777-1413

網　　站：www.cultuspeak.com.tw

電子郵件：cultuspeak@cultuspeak.com.tw

劃撥帳號：50040687信實文化行銷有限公司

乘隆彩色印刷（02）8228-6369

圖書總經銷：知己圖書有限公司

（台北公司）台北市羅斯福路二段95號4樓之三

電話：（02）2367-2044　　傳真：（02）2362-5741

（台中公司）台中市407工業30路1號

電話：（04）2359-5819　　傳真：（04）2359-5493

2008年9月初版一刷

定　價：新台幣260元整

目 錄

[0] 引子　　　　　　　　　　　　　　　　　　　　　7

[1] 湖中的塔影，塔尖的湖光　　　　　　　　　11
就這樣深情地凝視著你，北大……

[2] 景山麗日，舊家門第　　　　　　　　　　　41
歷史把你沉澱得如此美麗……

[3] 聽風中的鶴鳴　　　　　　　　　　　　　　63
靜悄悄的，綠在霧裡蕩漾……

[4] 婁兜橋上的流連　　　　　　　　　　　　　87
你從哪裡來喲……

[5] 陽光下的草坪　　　　　　　　　　　　　　119
來吧，躺個大字看天……

[6] 弱水三千，只取一勺　　　　　　　　　　　143
而如今，這一勺又在哪裡……

[7] 噓，別驚擾了他們的沉思　　　　　　　　　157
當我們高山仰止時……

8 **家事、國事、天下事** 179
北大人可以什麼都不關心，惟獨不能……

9 **枕書而眠的幸福** 195
在夢裡，紛繁的世界和凝重的歷史展開了

10 **校園中的飲食男女** 223
年少時的笑鬧、放縱和荒唐……

11 **讀你千遍也不厭倦** 247
再看你一眼，永遠的未名博雅……

0 引子

　　暮春的清晨，天真而輕快的鳥鳴，瀰漫在悠悠繚繞擺盪著的薄霧之中，牽引著我在未名湖畔緩緩地走著……。

　　我被一種奇怪的情緒從夢中帶了出來。

　　昨夜有一場雨。雨下得很悠長，雨聲在不知從哪個窗口飄出來的舒伯特夜曲中瀰散開去，若有若無……。

　　然而我在夢裡聽得是如此的清晰，每一聲都扣中了我的心門。

　　這是我在北大度過的第六個春天，在一個人生命中最燦爛的季節——十八到二十四歲中的春天。六年裡，我都是在漣漪微泛的未名湖水光中，等待第一片新綠的倒影出現，也和深沉而神秘的博雅塔，一起在絢爛而哀愁的夕陽中送走每一個春天。

　　或許這就是我和北大的緣分，我註定也要在這裡迎送我生命中的春天。

　　我曾經厭倦過這種年復一年的美麗；怨恨過在這湖光塔影下，北大給我們的那些無處可逃的傷痛；逃脫過在垂柳下、亂石上，陷入無助而紛亂的北大式天馬行空的思考……。這一切的確讓人透不過氣來。

然而，什麼是家園？

她就是無論我們怎樣想逃，卻終是逃不出的地方。我們可以與她遠隔千里，但卻仍然夢縈魂牽；我們在她的懷中埋怨著渾身的不舒展，但離開她後卻又如出港而去的小船，永遠只是漂泊和流浪，永遠嚮往著歸航；我們不管和她有怎樣的恩恩怨怨，最終卻不需要任何解釋，便可以和她再次緊緊擁抱在一起。

北大就是我們精神的家園。

很有意思的是，北大的學生很少會用「我們北大」這樣的字眼，我也同樣如此。這是多麼的自然，在這段不短的時間裡，我根本沒有意識到。當想到這一點時，我又發現它是多麼合理！北大永遠不會是這兩萬多人的北大，她是中國所有嚮往她、愛她和懂她的人們的北大，區別只在於和她遠遠近近的空間距離。

如果說，我有幸靠她近一點點，那麼我應該由於感激這樣的恩賜而惶恐；如果說，我更有幸，能夠把我所看見的，深深刻在這聖殿神柱上或滄桑、或神秘、或生動、或熱鬧的圖像和文字，展示給離她遙遠的人們，我的惶恐就會因為這樣莫大的喜悅而消失。

忘不了的北大情

胡適

三年不見，
就自信把他忘了。
今天又看見他，
這久冷的心又發狂了。

我終夜不成眠，
縈想著他的愁、病、衰老。
剛閉上了一雙倦眼，
又只見他莊嚴曼妙。

我歡喜醒來，
眼裡噙著兩滴歡喜的淚。
我忍不住笑出聲來：
你總是這樣叫人牽記。

1 | 湖中的塔影，塔尖的湖光

就這樣深情地凝視著你，北大……

湖光塔影

朝陽升起來了，就在博雅塔[1]的旁邊。

五月的清晨，天空白得還是有些寒氣。日出時的朝霞，那粉紅仍然嬌羞含蓄。太陽顯得慵懶，不情願地露了臉。

博雅塔的邊緣亮了起來。

我看見了有一點光在塔尖上跳動，那麼輕靈而不可捉摸。我想仔細把它看清楚，可是它卻不知道躲到哪裡去了，可我剛一轉頭，眼角的餘光裡，它又閃爍著，在有些蒼白的晨天中如此晶瑩奪目。我驚喜著，用目光追尋它，而它又一次不知去向。但很快地，它還是回來了，在我不經意之間……。

我就這樣凝視著博雅塔塔尖上的光芒，將近半個小時而不厭倦。

---

[1]博雅塔建於1924年，原為燕京大學的水塔，完全仿照通州燃燈塔，塔級十三，高三十七米，中空，有螺旋梯直通塔頂。塔為鋼筋水泥的密簷實心塔，是典型的遼金風格。其下部為一高大的須彌座，雙束腰。

　　最後，我明白了，那一點光肯定不是陽光，不是的。它應該是未名湖的湖光一不小心跳上了塔尖。有可能嗎？怎麼跳上去的？……

　　哦，我不知道。但它一定是湖光，因為除此之外，天下沒有一種光亮可以像這樣充滿靈性，這樣空靈又善變，這樣讓目光永不疲倦地追尋，這樣若有若無的一點中卻充滿著無窮無盡的靈慧妙悟……。

　　不知道從哪裡飛過來一隻小鳥，和博雅塔一樣有著莊重肅穆而略帶神秘的顏色，如此輕快地掠過塔尖，把我目光中的那點神

遠遠望見那塔的一簷一角時，心裡總是會有莫名的激動，好像是讀到一篇史詩最莊嚴的一章、看到一幅畫卷最深沉的一處。

這樣一凝望，總是好幾個小時而不知疲倦，撲面而來帶著潮濕的靈性，把心中還沒有荒蕪掉的綠色滋潤得那樣翠色欲滴。這樣，又怎忍心離去呢？

奇的光亮銜了去。我目送著牠，以為牠是來自遙遠而神秘之鄉的客人。然而牠卻是一隻一直享受著湖光塔影的幸運小傢伙，因為牠輕車熟路地俯衝了下來，扇動著白色的翅膀，緊貼著湖面歡快地飛舞著，把口中的光亮漫不經心地丟進了湖中。

　　光亮就在湖面上蔓延開去，博雅塔的倒影在亮光中富有詩意地微微跳動著。

　　這就是了，每個愛北大的人都嚮往看到的：湖光塔影。

　　在中國，不知道有多少的湖，也不知道其中又有多少比未名

如鏡的湖面鑑出清晰的綠樹、藍天，全因為她平和淡然的胸襟、因為她寵辱不驚的氣度，如此才能真正看清人間的美麗與動人，如此才能真正擁有高雅怡人的容顏。

湖更大、更美，然而卻再沒有比未名湖在中國近現代的文化人心中，更崇高、更凝重、更能勾起對大歷史和小人生的感慨了。望著未名湖，就好像凝視著中國最為智慧和滄桑的眼睛，這是怎樣一種感覺喲……。

　　第一次見到未名湖的時候，我是個自以為是卻又容易張惶失措的大學一年級新生，鋒芒畢露又沒有內涵。我只是匆匆看了它一眼，得出的結論錯誤而自大：未名湖真大，但卻不如家鄉一個沒有名的小池塘漂亮。

　　未名湖不是一眼能夠看懂，甚至不是一年、兩年可以讀透的。

　　未名湖其實一點都不大，繞著湖邊慢跑一周頂多十五分鐘，但是它卻給人無限幽深迂迴的感覺。

　　中國的園林從來都是萬般考究的，皇家的園林更是要精心設計它的視覺效果。未名湖是喜歡享受和愛別出心裁的乾隆爺建造淑春園時開闢出來的。淑春園賜給和珅後，大膽妄爲而又家私萬

花神廟裡的湖光，正如一幅清涼的風景畫，熟悉的景致竟然會帶著遙遠的神秘和美麗，好像真的，這在夢裡出現過，但還不僅僅是這樣的。

湖心島上茂密的樹叢、曲折幽深的小路和乍隱乍現的亭子，隔岸相望時，看著它們微微
搖曳著的倒影，搖曳著的心就會不由得想起歷史和傳說。

立在北岸的這塊碑，是如今未名湖為官家所承認的標誌。然而，這湖最高的地位卻是在
人們的心中，人們對她的精神依賴是她最大的榮光。

貫的他大加修整，把園中的水面都開鑿成大小相連的湖泊，從湖
底挖出來的泥土就被堆築成湖中的島嶼和環湖的崗埠。整個未名
湖正是仿照圓明園福海中的「蓬島瑤臺」而建。後來和珅倒了
楣，由寵臣而罪臣，由萬人尊奉而遺世唾罵，他仿製皇家園林，
最初說不定乾隆爺撫其背而讚他構思精巧，到頭來卻成為了他的
二十大罪狀之一。歷史人物的功過是非總是難於評說，但有一點
是肯定的，今天能得見未名湖也有和珅的功勞吧。

　　從低垂到湖面上隨風飄蕩的柳枝之間看過去，湖面明淨如

未名湖無時不瀰漫著憂鬱溫柔的柳枝和智慧寬容的湖水間，無聲的對話和相互的解讀，
而幸運的是，這樣的交流也正好存在於人和湖之間。

鏡、漣漪輕搖,還有隱隱的水氣在繚繞。湖心島把視野橫著切斷,讓人以為那後面有著無限洞天或是天光水色,遐想讓未名湖變得是這樣的無限深遠。湖畔是犬牙交錯的石頭,沿湖一路野趣橫生的自然天成堤岸,凹凸不平、錯落有致。博雅塔的倒影在湖畔的任何一個角度都能夠看得清晰。

未名湖是絕頂空靈、富於變化的,但博雅塔卻極為理性。它矗立在湖的東岸,春夏秋冬、年復一年,始終是靜靜地看著萬物枯榮變遷,保持著它那永恆的森冷和高貴的肅穆,彷彿是閱盡人間春色的智者,不再輕易動容。

真是不敢想像,她要是有個平整的湖岸,會是什麼樣的光景?這野趣橫生和似乎渾然天成的石頭湖岸,是不是總也看不盡、看不厭?

湖邊的柳樹無論如何高大、枝條再怎麼濃密，清風拂來之時，也不得不為莊嚴肅穆的博雅塔讓開視野，因為她永遠是湖邊最讓人敬畏的智者。

　　但其實博雅塔並不是一座歷經滄桑的古塔，到今年它也不過才八十歲而已。然而這八十年，它看到的世事變遷、聽到的哭泣和吶喊，讓它不由自主地老去，而塔下中國國學大師們的年富力強到白髮蒼蒼，又讓它跟隨著深沉下去。由當年燕京大學辛勤的水塔，成為今天只供仰視觀瞻的北大標誌；由當初不過是通州燃燈塔縮小的仿製品，而成為現在文化名氣遠遠大過身為藍本的密簷塔，它應該是怎樣的心情和感慨？

信步走去

　　晨光開始漸漸明媚起來，鳥兒的啼鳴也越發歡快響亮。剛才沿著湖慢跑的老人們不知道幾時消失了，換成了著裝顏色明快的晨讀學生，星星點點地滿湖畔都是。我從前也試過到湖邊來晨讀，或踏著帶露的香草走來走去，或站在垂柳下借著湖光，或坐在青石板上把兩條腿在湖面上晃來晃去，那是絕對幸福的感覺；但素來喜歡熬夜的我，實在是很少有毅力來追求這種幸福。

　　在晨讀的學生之間也有遲遲不肯回去的老先生們，他們神態安詳地在湖邊緩緩走著。他們的白髮讓未名湖的清晨都不失歷史

湖邊與其說是幽靜之處，不如說是一個人人都能夠鬧中取靜的地方，是一個可以鍛鍊在擁擠的世界裡保持自己獨立心境的好場所。

如此的讀書，恐怕沒有人會稱之為「寒窗苦讀」了吧。在未名湖讀書有兩大好處，一是不累，二是可以不由自主地思考，而且思維開闊得連自己都不敢相信。

的厚重。聽人說從前朱光潛先生喜歡衣衫襤褸、蓬頭垢面地在未名湖一個人躑躅，作為美學大師的他，實在也算邋遢得可以——當然，最善於發現美的眼睛不一定是最美的眼睛，最能理解美的人也就不要求須得裝在美的皮囊裡面。[2]

　　靜靜地看著聽著，讓那可愛的太陽光越來越嬌豔，於是思緒也從帶點傷感的迷濛中走出來。看到湖北岸被綠樹掩映著的古香古色樓閣上，那漂亮的朱紅和乾淨的白色，任誰的心裡都會有一

[2]「人要有出世的精神才可以做入世的事業，要把自己的事業當作一件藝術品看待，只求滿意理想和情趣，不斤斤計較於利害得失，才可以有一番真正的成就，偉大的事情都出於宏遠的眼見和豁達的胸懷。」——朱光潛

陣莫名的喜悅。我知道那一片是「德才均備體健全」齋。這聽上去是一個如此奇怪的名字,然而它不是一座樓的稱謂,如果北大的樓都起這樣的名字,北大學生不瘋了才是怪事呢!它們是坐落在北岸的七幢一模一樣的仿古建築,新文化運動之後,中國新式教育的理想和目的,便都在這七幢樓的名字之中了。

在德齋旁邊的樓就是紅樓(民主樓),看上去和其他的建築沒有什麼兩樣,都是很氣派的清代風格屋頂,朱欄畫棟,楣樑上有色彩繽紛的彩繪。起初我以為這個紅樓就是老北大的紅樓,後來才知道一點關係都沒有。看,在北大我做傻瓜的時候可是真不少

上軍事訓練課的北大學生在紅樓前合影。

末名湖北岸的房子，當年可是燕京大學的男生宿舍。臨湖而居，舉目一望全是垂柳波光，當年的男生才真是享盡了福呀！

呀！老北大的紅樓在北京的鬧區，東面是東牌樓，西面是西牌樓，南面不遠就是王府井大街、東安市場，北邊離地安門和鼓樓很近。北大從前主要是以文理著名，因此作爲文學院所在地的沙灘和重要校舍紅樓，就像今天的末名湖、博雅塔一樣，成爲老北大的標誌。

幾幢樓前是大片的草坪。暮春時節的草正是最可愛的時候，綠得耀眼又嫩得讓人心疼地憐惜，在陽光下翠色欲滴。這塊草坪上的迎春花總是整個燕園開得最熱鬧的，那樣粉嫩的紅色和明快

考究的迴廊和樓梯連著前後兩座房子，古色古香的氣息讓人很容易有點古典的情懷，在帶點酸氣的同時，卻又能找到不少的澄澈。

湖岸都是這樣的房子，習慣了就沒有什麼感覺了，可是當站在湖邊，驀然回首時，看見這樣的樓閣，心弦總會莫名地顫動。

古樓前的花，開得有點撒嬌耍潑，但是卻天真可愛，逗得人只有對她的肆無忌憚欣賞不已的份兒。

天真的黃色，萬種柔情地微笑著，肆無忌憚地逗弄著來來往往的人們，讓人總是要對它們報以微笑後才忍心離去。

湖心島

　　在草坪外灑滿樹蔭的小路上走著，卵石的路面踩上去有帶著野趣的舒服。前面的小橋又把水隔斷了，橋墩上雕鏤精細的花瓣在蕩漾的波光反射下栩栩如生。沿著錯落的岸石望過去，小橋流水、奇石垂柳，幾許詩意便又湧上心頭。

　　小橋一頭連著岸，一頭連著湖心島。過了橋，拾級而上，油松和白皮松夾道相迎。島上是沒有真正的路的，但正因如此，所

連著湖岸和湖心島的小橋，兩邊沒有護欄，雖然沒有什麼危險，可是要是末名的波光太美的時候，安全就很難保證了哦。

以隨處都是路，任人東西南北地走吧。沒有關係，一切都很隨意。不成形狀地在地上鋪了一段石板，可是走不了幾步，這石板路就開玩笑般地斷了。發現無路可走後，反倒自由了，從石板上跳下來，踩在長滿野草的泥土上，是不是自然就在這一瞬間和我們近了許多？

島上有個小亭子，可以坐在邊上的欄杆上欣賞左右的風光，但別指望能進去。這亭子和幾乎所有的北大建築物一樣，有一個好聽的名字，叫思儀亭。

老北大人比現在要浪漫很多，學生們在這裡會友清談，亭子裡那時候還有廚房，生著爐灶，為了給這幫雅致的人沏上一壺茶或是做些可愛的點心。現在卻早已經沒有這樣的好事了。亭子平時拒不見客，成天鎖著，只有京崑社把這裡當作吊嗓子的地方。謝天謝地，我沒有榮幸聽過湖心島上傳出來的練嗓子聲音。願意

的話真可以想想，夜幕之中在博雅塔森黑的影子下，聆聽思儀亭裡「啊哈哈」的叫聲是怎樣的「愜意」！

在1998年北大百年校慶的時候，島上新添了兩座雕塑。靠北的一座是校慶標誌。不料，平面溫和的圖形成了圓雕以後，竟然會顯得有些猙獰。在我身邊的一對外來的參觀者一口認定雕的是三把鋒利無比的鐮刀，任我怎麼解釋這是火鳥與火焰，他們都不相信，最後還是他們說服了我——可不是嗎，這不就是三把鐮刀？

模樣有點猙獰的北京大學百年校慶的雕塑。標誌是北大藝術系的余瑤老師設計的，用流動的線條組成的「北大」和阿拉伯數字「100」合為一體，本來是很好看的，可這雕塑卻不怎麼讓人親近。

「北京大學星」的雕塑。那可是個小行星，瞧，就這麼點兒大哩。

　　另外一座是「北京大學星」的雕塑。百年校慶那一年，一位頗有本事又有孝心的北大校友，把自己發現的一顆小行星用北大命了名。哈，我倒是希望北大有一天能夠搬到這顆星上去，不但招外國留學生，還可以招一堆稀奇古怪的外星留學生！

　　小島下面，環島有一條小路，走沒多遠，就能看見北大著名的石舫。其實這已經是一處殘跡，原本是仿照頤和園清晏舫修的，又精緻、又豪華，但架不住八國聯軍的大火，現在倒是樸樸素素的一塊大石板了。

石舫就「繫」在湖心島畔，能夠輕而易舉地上去，上面的空間足夠一群才子佳人在上面吟詩作畫、故作風雅的了。而更有創意的人們卻乾脆在上面開黨會，說要體會共產黨「一大」時的感覺。

舫本來是很風雅的東西，在園林裡面是重要的點綴，也是遊玩宴飲、觀景戲水的好地方，又叫做「不繫舟」。現在舫雖然不舫了，卻還是北大學生風雅的去處。

每年中秋之夜，舫上的燭光最是搶眼，水面映出相擁而歌的思鄉遊子；才子佳人們也總願意在這裡臨風把酒、況歌而泣，在如夢如幻的夜色中吟誦海子[3]的詩：

面朝大海，春暖花開

從明天起，做一個幸福的人

餵馬、劈柴、周遊世界

從明天起，關心糧食和蔬菜

我有一所房子，面朝大海，春暖花開

從明天起，和每一個親人通信

告訴他們我的幸福

那幸福的閃電告訴我的

我將告訴每一個人

[3]海子（1964～1989），原名查海生，1964年5月出生於安徽省安慶城外的高河查灣。1979年15歲時考入北京大學法律系，1982年開始詩歌創作，1983年畢業後在中國人民大學政治系哲學教研室任教。先後自印詩集《河流》、《傳說》、《但是水、水》、《麥地之翁》（與西川合印）、《太陽，斷頭篇》、《太陽，天堂選幕》，另有長詩《土地》（已由春風文藝出版社出版）、《太陽，天堂和唱》，1988年寫出儀式詩劇三部曲之一《剎》。1989年3月26日，他在河北省山海關臥軌自殺。他傑出的、天才的創造力在中國詩壇留下了獨特的光芒。

給每一條河每一座山取一個溫暖的名字

陌生人，我也為你祝福

願你有一個燦爛的前程

願你有情人終成眷屬

願你在塵世獲得幸福

我也願面朝大海，春暖花開

思念前生

莊子在水中洗手

洗完了手，手掌上一片寂靜

莊子在水中洗身

身子是一匹布

那布上黏滿了

水面上漂來漂去的聲音

莊子想混入

凝望月亮的野獸

骨頭一寸一寸

在肚臍上下

像樹枝一樣長著

也許莊子就是我

摸一摸樹皮

開始對自己的身子

親切

親切又苦惱

月亮觸到我

彷彿我是光著身子

進出

母親如門，對我輕輕開著　思念前生

春天，十個海子

最後一夜和第一日的獻詩

歌或哭

幸福一日

明天醒來我會在哪一隻鞋子裡

死亡之詩

風很美

我請求：雨

女孩子

妻子和魚

　　希望他真能「面朝大海」，看到「春暖花開」，懷念著這道美麗的傷痕。這裡常有「風前橫笛斜吹雨，醉裡簪花倒著冠」的輕狂，也有夕陽下紅色小提琴如泣如訴的高貴而隱忍的憂傷，還有畢業生們鬼哭狼嚎、放聲高歌後，泣不成聲時最真的情意。

拾得的詩

　　我知道詩總是在不經意中得來的。

　　比如「畫舫平臨萍岸闊，飛樓俯映柳陰多。夾鏡光澄風西面，垂虹影界水中央」，就是一首偶然從草叢中發現的詩，刻在了四扇石屏風上，也不知道到底吟誦的是哪一處的仙景。不過這很好辦，既然被北大撿了起來，現在又立在了未名湖的北岸，好了，這就是歌頌未名湖的了。不是嗎？怎麼越看越貼切？「畫舫」有了，「飛樓」很多，只是沒有小橋在水中央而已……就當是了。

從民主樓後面的草叢中拖出來的石屏風，現在立在北岸，很引人注目。真是「仰天大笑出草叢，我輩豈是蓬蒿人」。不知道當年的石頭笑也沒有？

拱橋有拱橋的妙處，夜裡燈光之下，朦朧中，站在中間的情侶，那真是傳說中的白娘子和許仙相遇的感覺。好在當年我淘氣的時候，沒有撞散這樣美麗的畫面。

　　要找詩中的「垂虹」，只需要往東再走兩步就行。我最喜歡的橋就是它了！

　　高高的橋拱下流水潺潺，精緻的橋身半隱半現在綠樹蔥蘢之中。然而我喜歡它卻不是因為它的美，而是幾年前，有好幾次夜裡我把摩托車騎了上去又俯衝了下來，明知道是摧殘和褻瀆，卻快樂得似發了瘋。青春之所以美麗，就在於它不講道理、沒有理性地瘋狂。在北大的青春卻是一種一邊講道理一邊進行著的瘋狂，這樣的美麗無疑多帶了幾分牽強和分裂。我看著這橋，想著曾經那一瞬間的簡單胡鬧，懷著歉意卻又偷偷驕傲。

幽深的小路中完全是另一種景象和心情，要是落葉的季節，在裡面漫步時那種淒婉的愁緒，由現在的情景看來，真是遠到不可想見的。

在未名湖邊行走，一個大的妙處就在於湖邊的路。一不小心就會越過一座小橋，從平坦得枯燥的大道，不知不覺地走進幽深曲折的小徑。陽光照不進來，飄落的花瓣躺在路中央，泥土發出陰濕的氣味，樹枝低聲的鳴唱也會顯得清晰而動人，青草搖晃處一定有一隻什麼小傢伙在伸懶腰，偶爾一隻青蛙「撲通」一聲跳進水中，也能把枝頭上的燕雀驚飛了起來。

所有的景致都是這樣安排得恰到好處，從來不會讓人應接不暇，也同樣不讓人的眼耳有不舒服的空檔。

花神廟的傳說

　　未名湖南岸的花神廟，精巧別致。它其實不是個小廟，不過是座門，失去了它原來依附的主體，孤零零地站在湖邊，前面是粼粼波光，身後是蔥蔥密林。

　　它站在這裡已經年深日久了，彷彿一直在默無聲息地懷想著什麼。它的往昔到底是怎樣的輝煌，又或者是何等的辛酸？這樣的追根究柢和胡思亂想在北大已經成了一種習慣。起先還真正去有據可考地論證和回答，實在疲倦了或無望了，又何不編上一個可愛的傳說，一切便有了美麗的解釋。這恐怕也不是不科學的態度，楊振寧說得好，科學做到頭是哲學，哲學做到頭是宗教嘛。

遠遠看著花神廟，有點憨態可掬似的。樹叢上面的屋頂是圖書館的頂，建新館時，就為了不讓這個頂破壞未名湖的景致，真是愁煞了多少人啊！

花神廟看著湖水已經不知道有多少個年頭了，身上的紅漆已經漸漸剝落，而他對未名湖的癡心卻是改不了的。

花神廟的背後有兩個大的石柱，不遠處又有五個好像是香爐和祭臺的東西，同樣來歷不明。但這下正好了，幾個來歷不明的東西一串起來，於是有人說，這裡原來就有一座香火甚旺的寺廟，名叫「慈濟寺」，廟門臨湖，入門拾級而上是一座正殿，北面和東面各有一個配殿，連同四周的垣牆都建在一座土山上，因爲到現在土山前後還能夠看見層層的疊石。另外有人說，這裡不曾有過慈濟寺，而是一座祭拜花神的廟。當年圓明園養花的太監成天要提心吊膽，生怕到了時節花不開放或是開得不死不活，因爲皇家的天子、太后是不會跟你講養花的科學道理的，他們只要看沒心沒肺、卯足了勁瞎開的鮮花。養花的太監最知道陽光雨露爲人力所不可操縱，於是只好企求上蒼的花神保佑他們如螻蟻般的性命，建上一座花神廟，祈禱花都能按時開放，「吐豔揚芬，四時不絕」。

　　花神廟的前面，臨水而設的有兩把木椅。未名湖邊的長椅是最讓人爭奪的所在了。整個湖邊的長椅實際上不少，但一天之中，幾乎沒有空閒，尤其到了晚上，更是許多人都覬覦著。長椅的用處非常大——清晨的時候可以用來晨讀，白天又能夠坐在上面舒適地欣賞湖光，到了夜晚，恐怕用處就更大、更重要了。

　　未名湖是愛情的天堂。那夜色下一男一女繞湖而行時滿口的天下大事、人生感悟，大都是漂亮的幌子。在湖面撩人的月色中，這樣的套辭之下，真正要傳達的東西真是「司馬昭之心，路人皆知」。長椅中、石頭上、柳樹下，對對的情侶低聲的細語或幸福的笑聲，和小蟲的呢喃交融在一起，在未名的夜色裡瀰漫著浪漫的氣息。在這樣單純而潔淨的夜色之中，有多少北大的愛情故

在花神廟不遠的地方，有幾個香爐一般的怪東西，裡面還有一個須彌座。

未名湖是擁擠的，尤其是那長椅，快到搶位子的程度了。連睡覺的人也要到上面來，聽著湖面的風聲，作夢才會香甜。

事在前前後後地交疊上映。未名湖用她瑩潔的心靈給了我們在愛情中追求純粹的膽量、能力和信念。於是，多少的悲歡離合、恩恩怨怨，便拋撒在了湖光塔影之中，埋進了湖邊的青草之下。這一湖的綠水中，有多少癡情女子的眼淚？這一岸的亂石上，又有過多少性情男兒為伊買醉後的痛哭？北大的愛情，永遠只有悲劇才能最美，如果愛情的終極追求是獲得美而不是幸福的話。幸福唯有平淡才能成就；烈焰燃燒過後，卻只能在灰飛煙滅中，用苦澀的回憶支撐殘破的情感。

　　沒有辦法，誰讓未名湖的月亮容易惹禍呢？未名的夜色太美，北大的男男女女又多少沾上些劉半農那樣的才子佳人氣，於是在這裡怎能不總是迴蕩開「教我如何不想她」的心語呢？

　　花神廟裡曾經有過多少的愛情故事，恐怕就像這湖邊的柳條，誰也別想數得清。

　　草長鶯飛的時節，曾經有過一個這樣的女孩，她連續好幾天夜裡坐在花神廟前右邊的長椅上，等待她那已經決心離她而去的戀人出現。她就這樣在花神廟的影子中一動也不動地坐著，直到凌晨，讓未名湖的寒氣侵襲自己的全身，奢望它最終能夠冰凍她的心。

　　也在那幾天，在花神廟左邊的長椅上，夜夜坐著一個男孩。他同樣動也不動，看著湖面輕泛的月影，知道那和他的她一樣，已經成為了美麗的虛幻，再也可望而不可及了。

湖邊草地上的花架，卻長年沒有種花，我們乾脆把它當神廟看待了。

　　他的表情就和博雅塔一樣，沒有一絲的動容。他已經為昔日那位女孩爛醉過好些天，但他現在只想要把她清晰地忘記。

　　就這樣好幾天，男孩和女孩只相隔數步之遙，卻從來不知道對方的存在——他們活在各自的傷痛中，周圍的世界和他們無關。

　　有一天深夜，下雨了。他們誰也沒有動。雨越下越大。他們還是沒有動，一直沒有動。突然之間，他們同時站了起來，向花神廟的拱門裡衝進去。渾身濕透的他們在小小的花神廟裡避雨，黑暗當中誰也看不清誰，但都很驚訝地意識到原來還有另外一個傷心人的存在。他們都沒有說話，只有風雨之聲在廟外經久不息。他開口了，說，沒想到他還知道愛惜自己，會想到躲雨。她說她也是。他看著她的影子，她也看著他，同時間他們竟然都發出了輕鬆的笑聲，彷彿躲過的不是雨，而是那傷心的記憶。

　　從此以後，他們仍常到花神廟前的長椅上坐著，看那湖上的夜色，但他們不再是坐在兩張不同的椅子上了。他們就這樣依偎著，領略了未名湖春天的微風、夏天的落霞、秋天的煙波、冬天的白雪……。

　　後來，她走了，去了大洋彼岸。他沒有送她。她上飛機的時候，他在花神廟裡。他們之間沒有任何解釋和承諾，什麼都沒有說……。從此以後，他還是常到未名湖來，但他不再坐長椅。他來的時候，也總是帶著傘，因為他不會再到花神廟裡躲雨……。

2 景山麗日，舊家門第

歷史把你沉澱得如此美麗……

上山看看

　　把未名湖南岸連綿的土堆稱做「山」，多少有點滑稽。但是「未名土堆」實在不好聽，所以北大學生本著嚴謹的態度，就在「山」字前面加個「小」字——到底有多「小」，就任人去想吧。

　　「小山」最高的地方也就十來公尺高，而且十分單薄。山上只有一條雜草亂樹中的羊腸小道，一直走可以走完整個未名湖的南岸。小道走向非常詭譎，前方的路總是在樹木的掩映之中任意曲折。平時這裡人跡罕至，十分清靜。但正因為這帶點詭異的氣氛，它常有別樣的用處。比如說，兩年前，我們幾個北大的學生自己籌劃拍一部鬼片，外景就選在這裡。當時把一個男生吊在山上一棵盤根錯節的歪脖子樹上，讓他睜著血紅的眼睛鬼哭狼嚎。就在這時候，我穿了白色的垂地長裙，用白紗蒙了面，像個女鬼一樣向他走去。正好一陣風吹過，山上的樹木發出淒厲的怪叫。那個技物系的導演看著鏡頭大叫：「絕了！」

　　但實際上小山也並不是那麼荒涼（呵，北大能夠有荒涼的地

土山上的小路，是人跡罕至的地方，林間不時跳出一隻蟾蜍來，最是嚇人了，但這卻是常事：尤其是下過雨之後，那蟾蜍又肥又大，還不嚇得女生們花容失色？

方嗎？），也有不少有名的去處。斯諾墓[1]是其中之一。

能葬在未名湖畔真是一件不錯的事情，清幽寧靜卻又不會寂寞。斯諾墓在數十級亂石夾道的臺階之上，蒼松翠柏環繞掩映之中，直對著變化萬千的未名湖。墓前總會有不知幾時來過的人們敬獻的一兩束樸素野花。來到這裡的人都會放輕腳步，惟恐驚擾了這位國際友人的沉睡。

---

[1]埃德加・斯諾（Edgar Snow, 1905～1972）出生於美國密蘇里州堪薩斯城，這位從密西西比河畔走來的美國記者，以「眼見為實的準則」，成功地寫下了十一本專著，其中的《西行漫記》（又名《紅星照耀中國》），以二十多種文字在全世界發行。斯諾把一生獻給了新聞報導和推動中美關係。對中國有著深厚感情的他，把三分之一的骨灰安放在北京大學未名湖畔。

斯諾墓在高高的臺階之上，氣
勢不凡。在北大享受這樣禮遇
的人只有他一個了，真幸福呀
……

斯諾去世之後，骨灰分成了三
份，一份留在瑞士、一份送回
美國，還有一份就安葬在北大
的末名湖畔，因為這是他1936
年去陝北的出發點。

臨湖軒前的虞美人開得多麼嬌豔，圍著白色的香爐，也是臨湖軒前不可不引人為之駐足的景點。

　　西行幾步，在小山之後若隱若現的樓閣處就是「臨湖軒」了。這原來是燕京大學第一任校長司徒雷登的住處。就在中國人嚮往住洋房的時候，來中國的外國佬們卻實在感到住在中國的園林式建築裡，該是多麼奢侈的享受！

臨湖軒的大門不過是一個裝飾，根本沒存心要攔住別人，但是人們走到此處，卻並不會隨便就進去，感受到的那種尊貴，讓人不敢靠近。

臨湖軒是用來接待
貴賓的地方，雕樑
畫棟的濃厚文化氣
息和歷史感，是給
客人的額外禮物。

　　當年規劃燕園這座古樸俊秀建築的人，竟是一位美國的建築
師亨利‧墨菲（Henry Killam Murphy）。儘管耶魯大學教了他當時
最先進和時髦的建築風格設計，他卻對中國的古典建築和園林設
計情有獨鍾。他就是站在這土山上，看著崗巒起伏、水流縈迴的
淑春園廢墟，看著遠處玉泉山上的塔，而得到了整個燕園的設計
構想。

庭院中間的幾棵樹，
那漂亮的葉子迎著好
不容易射進來的太陽
光，綠得像是半透明
一般。

臺階下面就是綠草、修竹和
破土而出不久的筍子，長在
卵石砌鋪成的小徑旁邊，很
是恬雅。

臨湖軒院子裡的古松，地位
很崇高的喲！每一株都站在
須彌座上，這樣的氣派只有
少部分的樹才能享受。

「臨湖軒」的名字是冰心起的，貼切而風雅。燕大的她很為此激動著，於是找到了當時北大文學院院長胡適[2]題寫了這三個字。不過說起老北大的書法，胡適大概算不上出色。北大當時幾個院的匾名都是由「書法天下第一」的沈尹默[3]親筆所書。猜想也許是胡適的名望，或者是一時找不著沈先生人，臨湖軒才留下了胡先生的手筆。

胡適

臨湖軒裡的竹子是最值得稱道的。從側面的小門一進去，清幽的小徑兩旁全是文弱修長的竹子，清瘦脫俗。尤其是有微風吹來的時候，竹林發出「沙沙」的輕響，讓這裡更顯靜謐。古樸的建築就在竹林之後，背後是未名湖的水色，前面是清新的竹香，真正是集水秀氣靈、樹峻境幽於

---

[2] 胡適，字適之，安徽績溪人，生於1891年，卒於1962年，現代著名學者、哲學家、文史學家、詩人，新紅學的創始人之一。他早年肄業於上海中國公學，1910年赴美留學，師從著名的實用主義哲學家杜威。1917年回國任北大教授，投身新文化運動，是該運動早期領導者之一。1949年再度赴美，1952年來到臺灣，1958年4月就任臺灣中央研究院院長。主要著作有《胡適文存》等。

[3] 沈尹默（1883～1971），原名君默，字中，原籍吳興竹墩（今湖州市區下昂鄉竹墩村）。光緒21年，與其兄沈士遠、二弟沈兼士同赴日本留學。1912年起，任教於北京大學，1920年再去日本京都帝國大學進修。不久，任北京大學文科教授，兼北京女子師範大學、中法大學教授。「五四」運動前夕，尹默與李大釗、錢玄同、魯迅、劉半農等人舉起文學革命大旗。抗戰勝利後，在上海以賣字為生。其後尹默先後就任上海文聯副主席、上海書法篆刻研究會主任等職。1971年6月病逝上海。

馬寅初

馬寅初《新人口論》手稿

1957年，馬寅初校長在北京大學大膳廳作關於「人口與節育」的報告。此後，他將這次
報告的內容整理成《新人口論》，有條理地論述中國人口問題，並提出解決的途徑。

臨湖軒的竹林唱出來的歌帶著點滄桑和憂慮，也許是這片土壤經歷的事故太多了。

一身。它的前面有兩棵古白皮松，從兩棵松樹之間望出去，正好能夠看到博雅塔的全景。據說原來這裡還有一塊兩丈多高的太湖石，長得有如龍鐘老丈，得名為丈人石，然而今天已經不知去向了。

　　年逾古稀的臨湖軒也經歷了許多滄桑的故事。北大以前的校長馬寅初[4]先生曾經也在裡面住過一段時間。馬先生的悲劇是整個中國的悲劇，而今天臨湖軒裡竹竿上斑駁的痕跡，是否是它當年為主人的冤屈而灑下的眼淚呢？

　　臨湖軒外不遠處倒是有塊太湖石。太湖石是江南的東西，在蘇杭的園林中隨處可見卻又必不可少，在北方要是出現，若不是仿製，那就一定是從江南大老遠運過來的。北大有很多這樣的石

[4] 馬寅初（1882～1982），字元善，嵊州人，是當代著名經濟學家、教育家。馬寅初自幼聰穎，刻苦攻讀，曾留學美國，獲博士學位。馬寅初在經濟、教育等方面均頗有建樹，著作等身。曾歷任浙江大學、北京大學等校校長和其他許多重要公職，但他仍然擠出時間潛心考察研究，其中《新人口論》提出節制生育、控制人口增長的主張，遭到批判。1979年恢復名譽，時人以「老馬識途」稱頌其遠見卓識，以「誤批一人，錯增四億」感歎人口問題上的失誤。著作有《中國經濟改造》、《經濟學概論》、《通貨新論》、《馬寅初經濟論文集》等。

有名的青蓮朵也許因為年深日久,現在已經沒有它原本的美貌了,但上面的紋路痕跡卻更值得人玩賞。

梅石碑上的字已經模糊難辨,畫也看不真切了。的確,這麼多年過去了,曾經暗香襲人的老梅枯死了,刻進石頭的梅也湮沒了。什麼能抵得住時間的磨損呢?

頭，但是有名有姓的就要算這「青蓮朵」了。

　　青蓮朵後面的碑叫做梅石碑。據說南宋的德壽宮裡原本有一株古苔梅，花開時方圓幾里都能聞見梅香。古梅的旁邊有一塊太湖石，形狀奇特而絕美，像是盛開的芙蓉，所以稱為芙蓉石。這樣的景觀到明朝的時候還在江南傳誦。因為害怕年深久遠之後，古梅不存、青石失散，錢塘派畫家蘭瑛和孫伙便一起把這古梅和奇石畫了下來，刻在碑上，成了後世所知的蘭瑛梅石碑。後來，古梅枯死了，只剩下碑石為伴。乾隆爺下江南的時候，看中了芙蓉石，硬生生地把它運回了京師，賜名「青蓮朵」，又把石碑複製一塊，和太湖石一起放在圓明園長春園的茜園裡面。八國聯軍洗劫圓明園後，裡面的東西四處散落，這梅石碑就在北大安家落戶了。

　　小山上還有一處很出名的地方，那就是鐘亭。

　　在小山的最高處，參天大樹之下，是紅色樑柱的鐘亭。亭子裡面是一口大銅鐘，鐘上鐫刻著游龍海濤和八卦圖案，還有滿漢兩種文字。有人說，這口鐘出身布衣，不過是黑市裡的賣品，被老北大買了回來，從1929年開始就辛勤工作，負責給北大師生報告時間；另外有人說大鐘本是軍中之物，清末的時候，中國的水軍在頤和園裡操練海戰技能，這口可憐的鐘就要忍住笑為他們報告用膳的時間。

　　北大的學生才不管銅鐘原來是何樣的身分，只是把鐘亭變成了新年最有意趣的景觀。

　　新年的時候，一下過雪，未名湖面便堆積著鬆軟的白雪，而湖畔小山上的雪則掛得滿枝條都是。鐘亭幾乎被淹在白雪之中，從小路上望過去，它竟然像是捉迷藏一般，不小心露出一點紅色

鐘亭在小山的頂上，平時是個幽靜的去處，躺在欄杆上看看報紙，真享受呀！

這口大鐘敲起來的聲音很好聽，那個悠揚勁兒啊，尤其是在湖對岸聽起來，正好以為是「禪房花木深」呢。

來，馬上又在紛紛飄落的雪片幫助下縮了回去。穿著紅豔豔羽絨服的姑娘，戴著可愛頑皮的小帽子，手牽著頭髮眉毛都變白了的男孩，在小路上搖搖晃晃地走著，帽子上兩個小毛球擺來又擺去。到黃昏的時候，看著天色暗了下來，人們的膽子也大了，仗著夜色下看不清面龐，在湖畔邊、在小山上踏雪而歌的人多了起來，林間的樹梢上都掛滿了清悅嘹亮的歌聲。無影、無形、無聲、無息中，瀰漫著徐志摩[5]的詩：

假如我是一朵雪花，
翩翩地在半空裡瀟灑，
我一定認清我的方向──
飛揚，飛揚，飛揚──
這地面上有我的方向。

不去那冷漠的幽谷，
不去那淒清的山麓，

---

[5] 詩人徐志摩對北大有深沉的情感，他的人生事業可謂開始於北大，終了於北大。1914年8月23日徐志摩進入北大預科，幾經周轉，1918年暑假期間，他到美國留學。1923年春天，應聘為北大教授。泰戈爾訪華時，徐志摩全程陪同翻譯，身分為北大教授。1925年春天與陸小曼的戀情陡起風波，因而離開北大去歐洲避風。1925年回國，北大方面不計較他的緋聞，仍請他回學校教書。到了1926年10月，與陸小曼結婚後，辭去教職離京南下。1931年初，世事紛擾，家事煎熬，又應胡適之邀來北大教書。11月上旬因上海家中有事，請假南下，11日乘飛機離京，19日返京途中，飛機觸山遇難身亡。12月6日北大在二院為志摩開了隆重的追悼會。

也不上荒街去惆悵——
飛揚，飛揚，飛揚——
你看，我有我的方向！

在半空裡娟娟地飛舞，
認明了那清幽的住處，
等著她來花園裡探望——
飛揚，飛揚，飛揚——
啊，她身上有朱砂梅的清香！

那時我憑藉我的身輕，
盈盈地，黏住了她的衣襟，
貼近她柔波似的心胸——
消溶，消溶，消溶——
溶入了她柔波似的心胸！

　　從這時候開始，人們開始守歲。鐘亭的周圍搖搖曳曳都是些紅色的小燈籠，那是趕去等候新年鐘聲的人裝模作樣拿在手裡照明的。平素靜得要鬧鬼的小山上熱鬧非凡，一片歡聲笑語。年輕人總是心急，等來等去，十一點一過就開始斷斷續續有人敲鐘了。只要鐘聲一響起，明知道時間還不到的人們卻趕緊抓住機會歡叫，這歡叫一直蔓延到湖中冰面上玩鬧的人中間，於是整個未名湖就跟著沸騰一陣。快到十二點時，鐘亭周圍的人們高興得就像瘋了一樣，衝到銅鐘跟前，玩兒命地敲起來。山上的人歡呼起

來，岸邊的人歡呼起來，湖中的人歡呼起來，全北大的人歡呼起來……，新的一年就在這樣的簇擁之下姍姍而來。

人說北大出瘋子，沒錯。尤其是新年的時候，看那股敲鐘的瘋勁，估計連真瘋子都要連連咋舌。北大的高層是知道這一點的，在千禧年的除夕，趕緊把鐘亭裡面的銅鐘裹了起來，知道放手讓大家敲的話，非把這口成了歷史文物的笨傢伙給弄成碎片了。學校很善良，又趕製了一口新的大鐘，讓大家去盡情發洩激動的心情。

蔡元培像

北大人的性情就是這樣，據說這都是北大給慣的。學校很少苛求學生的行為舉止，情緒上的東西也任它在安全範圍內一瀉千里。寬容個性是北大的傳統，這不能不歸功於蔡元培[6]先生。

從鐘亭下山不遠，就是蔡元培先生的銅像，坐落在一片綠茵之上。每次我走過這裡，都會駐足默默地凝視銅像片刻。1980年蔡先生逝世四十週年，北大師生為此舉行了隆重的紀念大會。兩年後，

---

[6] 蔡元培（1868～1940），近代民主革命家、教育家、科學家。字鶴卿，號子民。清同治丁卯年12月17日（1868年1月11日）生於浙江紹興府山陰縣。1907年赴德國萊比錫大學研讀哲學、心理學、美術史等。武昌起義後回國，1912年1月就任南京臨時政府教育總長。1917年任北京大學校長。1921年，法國里昂大學、美國紐約大學，分別授予他文學、法學博士榮譽學位。1928年辭去各行政職務，專任國立中央研究院院長。另外還兼任交通大學、中法大學、國立西湖藝術院（後改為杭州藝專）等多所高等學校校長、院長以及故宮博物院理事長、北平圖書館館長等職。1932年，同宋慶齡、楊杏佛等在上海組織中國民權保障同盟，被推為副主席。晚年，為抗日救亡事業奔波，努力促成國共合作。1938年，被推為國際反侵略運動大會名譽主席。1940年3月5日在香港病逝。蔡元培「思想自由，相容並包」的主張，使北大成為新文化運動的發祥地。

蔡元培

蔡元培手跡《自寫年譜》

三千多位北大學子自動捐款，為北大之父立了一座紀念像。

一所真正的名校，必得有自己鮮明的性格和更為內在的精神。知識隨處可學，而精神只能身處其中去接受潛移默化，這也是為什麼中國這麼多的學子嚮往著進入名校的原因。

然而，沒有蔡元培先生，很難想像北大還能像今天這樣吸引著中國有學問、有追求、有理想的人們。

蔡先生之前的北大臭名遠揚，學校的氣氛有如官場衙門。先生們學問不大，派頭不小；學生們也只為求取功名利祿、為做官作準備。有錢的學生，在學校裡都帶著僕人，成天吃花酒、打麻將、捧名角。好多老師和學生，吃過晚飯後就坐著洋車直奔煙花柳巷「八大胡同」。在學術上，平時研究和教授的也不過是些皮毛的科學和《水經注》、《文賦》之類的舊式學問。

　　蔡先生是個再平和不過的人，然而改革起北大來，卻是魄力驚人。接任北大校長的時候，他的朋友都勸他還是不要走進是非窩的好，可蔡先生知道中國第一所高等大學的興衰對於中國教育，乃至中國整個未來的意義，抱定的是「我不入地獄，誰入地獄」的念頭，來到這裡。

　　他說：「大學者，囊括大典網羅眾家之學府也。」

　　他說：「一己之學說，不得束縛他人；而他人之學說，亦不束縛一己。誠如是，則科學、社會學等，將均任吾人自由討論矣。」

　　他說：「萬物並育而不相害，道並行而不相悖。」

　　他說：「無論何種學派，苟其言之成理，持之有故，尚不達淘汰之命運，即使彼此相反，也聽任他們自由發展。」

蔡元培先生銅像

魯迅設計的北大校徽

在蔡先生做校長的時候，魯迅[7]、胡適、周作人、陳獨秀這些激進的新文化闖將，以及辜鴻銘、黃季剛、劉師培這些保守和學問成正比的老夫子們，在一個講臺上各持一端地唱著反調；北大真正成了「研究學問的機關」，也真正成了所有嚮往學術者的大學——無論是不是正式的學生，都可以到這裡來自由聽課，這個傳統一直延續至今……。

蔡先生對於北大的意義，在1917年的時候，詞人吳梅在他所作的一首北大二十週年校慶的歌詞裡這樣寫道：

「域樸樂英才，試語同儕；追想遜清時創立此堂齋，景山麗日開，舊家主第門埕改。春明起講臺，春風盡異才。

滄海動風雷，弦誦無妨礙。到如今費多少桃李栽培，喜此時幸遇先生蔡。從頭細算，匆匆歲月，已是廿年來。」

---

[7] 魯迅（1881～1936），原名周樹人，字豫才。1902年春，被官費派赴日本留學，先入東京弘文學院補習日語，後進仙臺醫學專門學校學醫，因痛感中國人的愚弱，認為改造中國人的精神重於醫治人的肉體，於是1906年毅然中止學醫，選擇以文學藝術為武器，走上救國救民的畢生奮鬥道路。1912年2月，應教育總長蔡元培的邀請到該部任職。1902至1926年夏，他先後在北京大學、北京師範大學、北京女子師範大學兼課。一生著譯甚豐，有多種版本《魯迅全集》問世，並譯成五十多種文字，傳播世界。

魯迅

陳獨秀

北大校旗

翻尾石魚

　　從蔡先生的銅像繞回來，又能夠看見那垂柳依依的未名湖了。前來遊玩的人已經變得很多了，湖畔有些喧鬧。我這才明白，今天是週末呀，不光北大的師生抽出空閒來了，遠遠近近的其他人也從四面八方來到，甚至有遠到而來的客人，他們都享受起湖邊的春光來。

　　看著三三兩兩的遊人，我想起了幾年前北大百年校慶時候的未名湖。我從來沒有想到這一貫能夠比較逍遙清靜的湖，也竟有變成廟會的一天。各種膚色的來賓在導遊的介紹下頻頻點頭，操著各種語言在感慨和評論；各個年紀的校友在湖邊流連著，在喧鬧之中仍能深切追憶自己的青春歲月。我在這裡走著，有好幾次差點被擠下了水。於是我就靜靜地站在湖邊的石頭上，看著這樣難得一見的情景，漸漸明白了，未名湖被這麼多人深愛著，被這麼多人長久地懷念著。

　　在這一角有一座小橋，小橋旁邊立著一塊很大的石頭。外來

湖造得這樣考究，湖邊的燈自然也馬虎不得，這燈尤其是晚上發著橘色光線的時候，和這湖真是相得益彰。

末名湖本是好多個湖泊連起來的，所以湖邊的橋是少不了，而且每一座都各不相同，自有情趣。

末名湖是不可以垂釣的，所以才能「養」出翻尾石魚這麼個鯉魚中的大傢伙。而且它還這樣自在，不但沒有性命之憂，還有大好景色可以享受呢。

的參觀者們很喜歡和這塊石頭合影——其實不是因為石頭，而是石頭上有侯仁之先生題的「未名湖」三個字，而且它擺放的角度正好可以把湖光塔影很完美地取進畫面，甚至在照片上還能夠隱約看到後面的翻尾石魚。

翻尾石魚在一個離岸一公尺多的小島之外，水枯的季節能不濕了鞋子便可以上島去，踏過高及腳踝的雜草，站在島的邊緣，仔細地看那石魚的樣子。這時候的石魚整個兒地露了出來，張著個大嘴巴朝著藍天，尾巴頑皮地直翹到天上去了。湖水比較深的時候，魚兒又幾乎全浸在了水中，只是一頭一尾稍稍地伸出水面，看上去游得是那麼的愜意和淘氣。

石魚原來其實也不在燕園，說來說去，它在這裡安家落戶也是因為圓明園被燒。它原本是在圓明園的「諧奇趣」西洋樓前水池裡，不過那時候，它有挺重的體力活要幹，嘴裡日夜不停地往池子裡噴出十來公尺高的水柱。圓明園被燒後，它算是失了業。好在它長相漂亮，有人願意收藏，被親王載濤買了下來。那時載濤住在朗潤園，就在未名湖北面。燕大的學生知道了他家有這麼一條魚，硬是給它買了出來放生，在1930年的時候到了現在的地方。位置設計得很妙，讓人只可觀賞，如果要想「褻玩」的話，那就得冒著和這石魚一起泡在湖水中的危險了。但是這也難不倒北大學生。每年冬天，滑冰而來的人們就總是喜歡摸摸它的尾巴，仔細地玩賞它身上非常細緻的刻紋功夫。

北大人總是和未名湖這樣的親近，和未名湖上所有的一切宛如老友，心懷尊重，偶爾又會舉止親狎。

3 | 聽風中的鶴鳴

靜悄悄的，綠在霧裡蕩漾……

風中鶴鳴

　　北大會有仙鶴？這大概會讓到過北大的人疑惑不解。我倒是真希望北大能夠有幾隻仙氣嬝嬝、超凡脫俗的鶴，在這滿園迂迴曲折的流水中徜徉，或在煙波倒影之上飛舞；因為，那恰好配得上北大的氣質與精神，而燕園配得上鶴的高貴與靈性。

　　也許這裡曾經有過鶴鳴之聲，所以它叫做鳴鶴園。當年的鳴鶴園是非常美麗的，作為圓明園的附屬園林之一，該有的點綴全都不缺，有一兩隻仙鶴是很有可能的。

　　鳴鶴園在大西門以北，離未名湖岸不遠。平時很少有人會想到上這裡來遊玩，因為當年的皇家園林現在只剩一些殘景了，沒有某一種情緒，或者是帶著閒適而寧靜的心，上這裡來，是不會看到什麼別樣的景致的。再說，「未名歸來不看湖」，這裡的荷花池怎麼能夠吸引來早已經被湖光塔影所震撼、所陶醉的人們呢？

　　這裡太幽靜，有薄薄的霧氣在蕩漾。從一條小道慢慢地走，什麼也不想，讓那淡淡的霧中水氣把人潤澤。

雖然讀過梁思成的《中國建築史》，對這樣精巧複雜的屋簷還是只有欣賞的能力，沒有分析的能力。

一座土山把視野隔斷了，前面是怎樣的風光，不得而知。山上的綠色輕快而靈動，在濕氣中彷彿瀰漫著、蕩漾著，沒有任何的阻擋。但是我知道，一聲輕響就能讓這綠色的流動受驚而凝滯，於是我小心翼翼地走過去，深恐我的腳步聲闖下禍來。

路一轉，眼前就開闊起來，一泓湖水出現在眼前，在薄霧中竟然有些煙波浩渺的感覺。湖水倒映著岸邊的奇石怪樹，但那倒影卻是這樣的朦朧，所有映在湖面上的東西都只是一個大膽的寫意。

岸邊有一塊石頭，有些傾斜地立在臺座上。湊近了看，在那凹凸不平的石面上，是著名書法家啟功題寫的「鳴鶴園」三個字——這就是鳴鶴園了。

在這裡總有「柳暗花明又一
村」的感覺。從西門北望，
是絕對想不到這裡還有這麼
個開闊的所在。

「鳴鶴園」三個字是由書法
家啓功題的。

　　舉目望過去，這是一片怎樣的園子啊！所有的景致都散落在起伏的土山之間，視野被一次又一次地隔斷，讓人覺得這裡幽靜而深遠，真想知道山的那邊有什麼、又有什麼、還有什麼……。

　　石頭的後面是一座紅色的方亭，建造在水中。亭子寬敞，護欄在碧水之上。這是個可以憑欄觀水的地方啊。在亭子的一角，有一位身穿白色長裙的姑娘，坐在欄杆下面，手扶著欄杆，面向著一池安靜的春水。她清晰的背影在薄霧裡卻沒來由地飄渺朦朧，整個人嗆煙帶霧，詩意極了。

　　我放輕腳步。我怎能用聲響去打破她的沉思呢？恬靜而美麗的姑娘，在萬物熱鬧活潑的暮春裡，卻在這樣清冷的環境下獨自一人，品嚼著自己的情緒。她的心裡有怎樣的愁緒在縈繞呢？或者她的心又是怎樣的平靜如這湖水呢？

方亭就在水上，荷葉茂盛的時候，最先受到清香「襲擊」的，應該就是在這裡臨水而望的人了。

一條清淺的小溪靜靜
地從遠處流過來，帶
著那邊荷花池的故
事、帶著豐富而又喜
悅的色彩。

　　我沿著小路
圍著湖走，這才
發現這裡的橋修
得很有安排，三
座精緻的小橋從
北 到 南 排 成 一
排，和西門處的
婁兜橋平行著，
相互之間保持著
恰到好處的距離。來到一座橋上，橋端是一棵老柳，橋下是一條
幾乎被亂石遮蓋起來的小溪，溪水流得是這樣的緩慢和凝滯。

　　過了小橋，看到一堵石牆。大小不一的青色石頭壘起高達兩
公尺多的牆，熙熙攘攘的熱鬧全擋在了外面，一牆之隔，竟是兩
個世界。外面看不進來，裡面看不出去。喧囂的自去喧囂，幽靜
的獨個兒幽靜。

　　周圍是自然天成的草坪，一大片一大片，卻沒有看見人，也
不見有人踏過的痕跡。走了兩步，聽到隱約的人聲，聽不真切，

粗糙的土牆隔斷了視野，不知道牆的那邊會是怎樣的精彩，或是怎樣的入畫？

真不知道那叢林的深處還會不會再峰迴路轉，轉出又一片湖來呢？

只知道那是一對男女在低聲細語著什麼，也看不見人影，因為他們是在那一排半人高的萬年青下坐著。

再往北走，就是荷花池了。走上白色的拱橋，往水面上一看，荷葉已經出水了，有的浮在水面上，有的卻已經梗起了細長的脖子，嫩嫩的葉片在微風中輕輕地、不易察覺地抖動著。離盛夏還太早，到了那個時候，這裡就會是一片荷葉的海洋，沒有辦法看到底下的湖水，風吹過時，就像浪濤一樣，還能發出「嘩」的輕響呢。

從這深藏在燕園西北角的荷花池出來，就是賽克勒考古與藝術博物館。**[1]**

北大是常新的，但北大又是最懷舊的、最珍惜歷史、最能體會時間厚重的。北大是第一個獨立設立考古系的大學，從這裡畢業的學生，都是全國彌足珍貴的考古人才。

賽克勒博物館是中國大學裡第一所考古類的博物館，是北大和美國賽克勒基金會合作而興建的，由主樓、東西側廳和後殿組成，帶著濃郁的中國傳統建築風格，尤其是博物館的中庭裡還有

---

[1] 北京大學地質博物館是一個集科普宣傳、人才培養、標本存檔、科學研究和學術交流於一體的多功能、現代化國家級高等學府地學博物館。該館由陳列館和檔案館兩部分組成。陳列館創立於1909年，是我國最早的地學專業博物館。展廳面積400平方公尺，薈萃了北京大學地質學系九十餘年教學標本的精華，和世界各地的典型地學標本，是北京大學進行學生素質教育和科普宣傳的基地。檔案館是1996年以後由北京大學和國家教育部「211工程」支持的新建項目，擁有4個標準地學標本存檔室、1個科學研究和教學成果展示廳、1個資訊處理室、4個研究工作室，總面積約2500平方公尺，配備了各種現代化的地學標本存檔和研究設備，以及可供教學活動和學術交流的多媒體演示系統，是北京大學培養地學人才的教學及科學研究實踐基地。

有一座自己的考古博物館，的確是一所大學可以引以為傲的。

博物館前的日晷。不過，現在中看不中用了，兩邊房子一擋，太陽難得照到它。

一塊高達兩公尺的太湖石，更是讓博物館古色古香起來。

在博物館裡，能看到中國舊石器時代一直到明清時期的考古發掘，還有中國考古教學和研究的標本。這些收藏的來源，一是二〇年代北大考古研究室的收藏，二是五〇年代初從燕京大學的史前博物館裡移送過來的，還有國內的文物考古機構和外國的收藏家贈送給北大的，而最主要的來源則是五〇年代北大考古系建系之後，歷屆師生們在實地考察研究和教學中得來的。

考古發掘是艱苦而又激動人心的事業。曾經聽過一個北大考古發掘的報告會，是關於發現雅尼城舊址的考古成就，大概是北大和日本一個考古隊合作的專案，在實地錄製的影片裡，可以看到那神秘的西域風光、考古工作者精細的定位測量，以及艱苦的發掘過程，真是讓人感慨不已。

博物館經常舉辦各種專題展覽，而且與外面單位的合作和交流很多。

這麼寬敞的園子，怎麼不適合打太極拳呢？經常有高手在這裡表演各式太極拳，只不過觀眾很少——這裡太偏僻了。

哇，不容易啊，北大還能找到沒人坐的椅子！也只有在鳴鶴園了。

　　博物館地面是賽克勒園。在草木之中，一個帶些歐洲古代建築風格的園子，開闊而簡單，四面都是簡潔而帶著凝重感的長長石椅，這是爲了紀念博物館的建館而修的。這時候的園子裡有一位年紀不大的男士在打著太極拳，動作慢到一眼乍看過去，以爲那是一座特別的塑像呢。

校景亭

　　北大的湖眞是到處都有，出了鳴鶴園立即就是紅湖。在進入紅湖湖畔的時候，需要穿越生物實驗室。生命工程學院在這裡養著花花草草和各種實驗用的動物。當路過動物房時，聽到一聲狗吠，這才注意到門口掛著一個叫人心驚膽寒的牌子：「內有惡狗，禁止入內。」南邊的生物工程實驗室門口也掛了一塊告示，上面用英文寫著「劇毒」的字樣。還是趕緊走吧，這裡太可怕了。

　　走沒兩步就是紅湖了。這裡仍然是幽靜的，但是給人的感覺卻是一個被遺忘的角落，顯得荒蕪而雜亂。當年作爲皇家園林時的精雕細琢已經只是遙遠的記憶了，如今的紅湖僅能在失落中咀嚼滄桑了。但我知道，在不久之後，北大會收拾整理好這一片，因爲北大是唯美的，只要能夠騰出精力和存好足夠多的錢，是忘不了打扮自己的。

　　紅湖南岸又是一座土山。我正要沿著陡峭曲折的小徑上去的時候，被山下開得嬌豔無比的月季花絆住了腳步。它們純潔又美麗，在花季的時候綻放著生命最奪目的光彩，然而它們是憂傷的，因爲在它們最美的時候，無人欣賞，只是一任花開花落，直

一片湖的碑居然是立在山上，前後左右連點水都看不見，可這裡的確有紅湖，非得要找找看了。

赫然掛在實驗室門前的大牌子，夠讓人心驚膽戰的吧！

豔麗的花開
得有些憂
傷，活潑中
帶著悲情，
因為它們只
能在人跡罕
至的地方孤
芳自賞。

到最後枯死而消失。可憐的花呀，你們完全不比任何精養的盆栽
遜色。今天我看見了你們，我將永遠記住你們的美麗。

　　上了山就能看見一座小亭。亭子翼然而立在高臺之上，一看
就知道身分不同凡響。這座亭子名叫校景亭。北大是很爲自己的
校園風景自豪的，不但要把實地的美景展示個淋漓盡致，還要把
它們繪在亭子的樑上和屋頂，讓人去仰視。校景亭原來叫做翼然
亭，正符合它的樣子。它是鳴鶴園現在唯一還保留下來的原來的
建築。

　　亭子楣樑上的彩繪，顏色絢麗，是工筆畫，描繪著未名湖和
西門一帶的風景。彩繪這種東西是很有中國特色的。在國外的建
築中，因爲多採用石頭做材料，所以裝飾的時候，才多用雕刻而
不是描繪。中國的傳統建築卻是木結構，沒有太多雕鏤的餘地，
但上色和色彩的保存倒是很容易。彩繪主要是用在露明的木質構
件上，比如說柱頭、楣樑、斗拱、藻井等等。北大的古式建築上
都有各式各樣的彩繪裝飾，而且是清代的風格。清代的彩繪主要

校景亭在幾乎無路可上的小山上，必須
要披荊斬棘才能見到亭中的彩繪。

校景亭楣樑上的未名湖和博雅塔。

北大建築上的彩繪。

有三類，一是叫做「和璽彩繪」，普通人家用了是要犯欺君之罪的，因為只能在皇家建築上才能使用；看看它的畫面和內容就知道為什麼了，它主要畫坐龍、行龍這樣的圖案，青綠的底色中間點綴著框飾的金色；第二種是「廟堂彩繪」，在廟堂建築中使用，不描繪具體的東西，只畫抽象的圖案，如龍錦枋心配上青綠相間的鍍子花；第三種是「園林彩繪」，畫的多是寫生，各種人物、山水、翎毛和花卉都可以作為描繪的對象。北大建築的彩繪大多是第三種。

花木深處

校景亭出來，下了山，該到最幽深的地方──朗潤園了。朗潤園完全是由水環繞起來的，也許說得更準確一些，它更像是一個小湖中央的大島。

從兩旁茂林叢生的路走進去，看到的是如此不同的風景：沒有經過任何修剪栽培的亂草，把整個環境渲染得荒涼，成堆的石頭也是如此自然、如此未加考慮地散落各處，花也開得野趣橫生，總是在草叢深處默默地開，也許是因為知道沒有人會來欣賞。它們奠定了這裡氣氛的基調。

又看到水了，可這一回它既不是湖，也不是溪，是什麼呢？也許更像沼澤地吧。水包著小山，水草從水裡鑽出來，直伸出一公尺多高，像是叢林一般。路變得很有意思，一條臨水的小路，周邊被一道矮牆做成的護欄圍住了，難道是曾經有人偏著頭看那不知道要到哪裡去的水流，而不小心落入過水中？小路的上方全

朗潤園的「界碑」，立
在一座小山上，讓人
必須仰視才能看到。

被山上的樹木枝
條遮了起來，不
但太陽照不進
來，恐怕連雨滴
也穿不進來吧。
過一座小橋時，
發現那橋是如此
的簡單原始，幾
條石墩子撐起一
個粗糙的橋面，
橋上也沒有圍欄，走在上面有點擔心自己掉了下去。剛才的路把
人保護得這麼嚴實，現在卻又撒手不管了，可也眞是猜不透修建
者的脾氣呀。

　　再走一段，就來到了後湖。爲什麼叫後湖呢？大概是因爲它
和未名湖的水本是一體，只是在地上被隔斷了，在地下卻默默地
彼此交流著，而且這個湖又正好是在未名湖的背面，所以叫做後
湖。後湖這邊，人煙開始稠密起來。原來花木深處竟然不是禪

通向後湖的路是如此曲折，而且彷彿是開山開出來的，因為它夾在坡度很高的兩丘之間。

這真像是在南方鄉間經常可以看到的橋，走過這裡時才知道什麼叫「簡單就是美」了。

後湖就是這樣靜謐而迂迴，雖論美色不如未名湖，但也還算精巧別致，頗有自己的風韻。

房,而是俗世人家呀。在後湖的岸邊是教師的宿舍,一連好幾
幢,自然人少不了。但是人氣只在院落之中,卻不太關後湖的
事。湖邊上垂柳依依,也像未名湖畔那樣設有長椅,但椅子大都
是空著的,只有一張上面有兩個人坐著,卻什麼也沒說,只是都
目不轉睛地看著並不算美麗的湖面。大概是一對賭氣的人吧。北
大學生的脾氣大都不小,但好在有些幽靜的地方讓人冷靜一下,
也算是一個補救了。

致福軒

　　朗潤園裡最壯觀的建築就是致福軒了。致福軒原本就漂亮,
仍然是北大傳統的建築,古色古香,四面合攏,有前後兩個庭

致福軒前面用
未加打磨的石
頭砌成的門,
但別想從這門
進去,只是個
裝飾而已,或
者是開個漂亮
的玩笑。

這裡是北大「中國經濟研究中心」的所在地。北大的院系研究所各有自己的根據地，卻無人及得上這裡的獨享清靜和開闊視野了。

院。從前是用做什麼的不太清楚，可自從北大中國經濟研究中心成立以後，這塊好地方就歸了留洋回來的老師們。隨著經濟中心的影響越來越大，活動越來越多，教學的規模也擴大了，於是原先的致福軒漸漸不夠用。好在經濟中心能人很多，想想辦法就有人願意掏錢資助，學校也樂得讓他們去開發這片一直荒著的地方。因此，去年在原來致福軒的基礎上，向周圍擴充了古代樣式的建築群若干，形成一座頗令人刮目相看的「萬眾園」。這個名字很是不錯，又是兩全其美，因為捐贈鉅款的人以「萬眾」為名，經濟中心的老師又以愛國為宏旨，希望中國萬眾一心，再做個經濟大國。

才落成沒多久的萬衆園，一副侯門深似海的樣子。不過沒錯，經濟中心的門檻確實是很高呀。

留學人員服務中心的四合院。沒有前面的自行車，就是座典型的清代豪宅。

快要出朗潤園的地方，有這樣一個精緻的小花園，與剛才的風光大不相同，讓心情輕快愉悅。

　　「萬眾園」裡的設施非常好，甚至有同聲傳譯的會議演講大廳，這在北大是我所知道的第一處。整體的裝飾也非常中國化，不像現在北大的古式建築，外面看起來老成持重、古風甚烈，實際上內部已經改得一派現代，無論是天花板還是桌椅。而萬眾園裡的屋頂和吊燈，都還是那麼民族化，確實是表裡如一。人們都說在國外待過一段不短時間的中國人，最喜歡中國民族特色的東西，愛國之心更加深切，興國之願也更加強烈。這話大體沒錯。經濟中心的老師幾乎都是洋博士，所以很喜歡中國式的建築和環境，來造成很地道的中國人感覺。

　　記得曾經上過經濟中心一位老師的國際金融課，這位先生剛從美國回來，講起中國話來舌頭還是硬的，尤其是講到專業術語

的時候，因為他一開始就是在英文的基礎下學習經濟學，經常找不到自以為準確的中文辭彙來表達，所以他上課總是要花大力氣，又是自己研究，又是不恥下問，非要弄清楚該怎麼說。他會一有機會就運用成語，但每每用得很牽強，好不容易撞上一次用得貼切的時候，學生就給他鼓掌。他也得意得很，馬上就開始演說，說，中國文字是最美的了；說，現在的人說話都不注意用心遣詞，太辜負我們無與倫比的語言了；說，要是中國人都像他一樣，肯費心思讓自己的語言更加純粹和豐富多彩，中國人整體的文化素質將提高一大截；說……。雖然有點得意忘形，但說出來的話還是不無道理。

4 婁兜橋上的流連

你從哪裡來喲⋯⋯

校友門

　　北大一共有六道門。東南西三面分別有大小兩道，惟獨北面被圍牆封得連個出氣口都沒有，這倒是很有意思，因為頤和園、圓明園和清華都在北大的北面，要是這裡開個縫，到這些地方豈不是能夠方便很多？

　　因為門不算少，而且幾道大門都很氣派地建在北大校園的中軸線上，所以很多人，甚至不少的北大學生都弄糊塗了：到底哪道門才是北大真正的正門呢？

　　其實北大的正門是古色古香的西校門。說來也好玩，我到北大一年多了才第一次進出「正門」。那一年，從火車站出來，搭的是320路公車，下了車後混混沌沌地走著，一不小心就進了南門。糊里糊塗地在擠來擠去的、和我一樣傻頭傻腦的新生們中辦完了入學手續，還沒有把未名湖逛完，就被校車毫不留情地運到了昌平園區——那一年就在那個介於北京城區和八達嶺長城的鬼地方關了一年（現在的小孩們幸福了，不會再被流放到那個出了校門

西門前總是留影者最多的地方，這麼清靜的一瞬間，需要等待十幾分鐘才能抓到。如王府一般派頭的大門裡面，出的「才子佳人」多，「王侯將相」卻很少。

匾額上的「北京大學」四個字，是毛澤東題寫的。

七、八里內，連鬼影子都難得見到的地方）。第二年「刑滿」釋放，回到燕園後簡直受寵若驚，發了狠一般地把校園逛個夠。第一次見到西校門就一口氣進進出出了四、五趟，這才找到些微中學時曾經在夢裡讀北大的感覺！

西校門的確是氣勢雄渾，三開大門，完全是廟門式樣，大紅朱漆、雕樑畫棟，門前還有一對高大的石獅子，一左一右，氣勢洶洶地增加著校門的尊貴氣派。廟門上的大銅環上面各刻著一隻怪獸。據說它的名字叫做「椒圖」，說是它生性討厭人家無故闖入它的巢穴，怪不得西門的門衛盤查證件比別的地方要嚴呢！在廟門的簷角，蹲踞著像龍一樣的動物。龍有九子，它就是其中之一，名叫「鴟吻」。它有一個父母最害怕自己的孩子有的壞毛病，就是喜歡站在危險的高處往遠處看；也正因如此，在中國的古式建築裡，常把它的頭雕在廟宇或宮殿的屋脊椽頭上，取「登高望遠」的意境。北大把它放在校門上是再貼切不過的了，因為北大的風格就是志存高遠，儘管有的時候一不小心會好高騖遠。

門上的怪獸本該銜著一個吊環，只是北大西門不是扣開的，所以這僅僅成了一個裝飾。

在很長一段時間裡，我以為這門是原來王府的大門修葺之後得來的。這樣的想法也很合理，因為燕園內本來就有好幾個王爺、公主的

龍的兒子守衛著西門，和門衛一起為北大服務，多少年了還是這樣孜孜不倦。

北大的紅外線遙感圖，在西門和南門進來不遠處就有，作為遊客的導遊圖。可這圖實在不容易看懂。

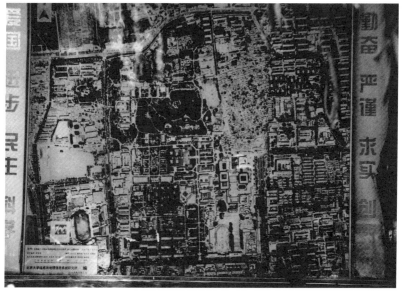

宅第。實際上卻不是這麼回事。它被稱作校友門，正是因爲在二
〇年代燕京大學校慶的時候，由燕大的校友們捐資建造的。

　　西門的對面就正好是蔚秀園的大門。蔚秀園是老師們居住的
地方，老師們要從家趕到燕園裡上課，所以在兩道門之間，人來
人往，川流不息，把頤和園路橫著切了一刀。北大老師的安全可
是很重要的，於是在兩道門之間的路上特地設上紅綠燈，一點都
馬虎不得——交通事故不出則已，萬一不幸發生，很有可能傷到
的是著名學者，損失可就大了！

婁兜橋

　　進了西門，一眼就可以看到一座白色的橋。這是北大最大的
橋，而且也是我所知道的唯一一座有響亮名字的橋。原先以爲它
叫做「漏斗橋」，因爲這和水很有關係。知道了它眞正的名字以
後，倒是百思不得其解了：何謂「婁兜」？是兜了一塘子的水
嗎？

　　後來才知道故事是這樣的。原來的海淀可眞是水流迂迴的地
方，文人墨客喜歡在這一片搖搖擺擺地吟詩作對。在海淀這一詩
海畫鄉裡，有一座橋名喚婁兜橋，名字怎麼得來的已無法考證。
這座橋是他們最喜歡流連的地方，遠遠近近的風雅之士都跑到這
裡來談詩會友，不少關於婁兜橋的詩文就這麼流傳了下來。世事
變遷，桑田滄海，也不知道是在哪年哪月爲了哪樣的原因，婁兜
橋連同橋下的東流之水全都不知去向了。然而多情而憂傷的詩人
們始終想著當年的小橋流水，一氣之下，把這一整片都喚爲「婁

婁兜橋正對著西門，是北大最大、最長的橋，也是北大唯一橫跨著平整規則兩岸的橋。

兜橋」，算是出了一口氣。燕園修成之後，有意無意地正好在這個
地方修上了一座小橋，因此借屍還魂地理所當然得到了「婁兜橋」
的名頭。不過，這也是皆大歡喜的事情，而且當年的婁兜橋恐怕
就美色而言，實在沒有辦法和今天西門前的小橋相比。

　　婁兜橋的白色在校門的朱紅、旁邊的綠樹、頭頂的藍天陪襯
下份外可愛。拱橋的形狀古色古香，總讓人覺得上面應該發生過
很多美麗而傳奇的故事。橋下是人工修成的、形狀規則嚴整的池
塘。在北大有這麼整齊的水岸確實難得一見，也許這是絕無僅有
的一處。但千萬別以爲這個小池塘會因此而沒有了情趣，池塘裡
養著很多顏色絢爛的金魚，牠們在清淺的水中自由自在地游來游
去，渾不知道總有很多的人站在橋上興致盎然地看著牠們哩！

華表

　　西校門這一片的整體風格和未名湖一帶有很大的區別。未名湖一帶野趣盎然，帶著閒雲野鶴一般的超凡脫俗和絕塵灑脫，西門這邊則莊嚴肅穆，有皇家殿堂的大氣恢弘，讓人心裡頓生敬畏；未名湖周圍多有曲徑通幽之處，時常能得柳暗花明的驚喜，西門一片卻寬闊平坦，所有道路和建築一覽無遺，目力可及數百公尺開外而無一物能遮擋，而且一切都是對稱的；未名湖野草頑皮、垂柳柔情，連小花也能孤芳自賞，別有自己獨占的世界，而西門周圍只有修剪整齊的草坪，樹木也都遒勁有力而不見有絲毫小兒女情態，至於花則只能開在花壇之中完全做裝飾之用。總之，未名湖是感性絕頂的，而西門一帶則是非常的理性。

　　下了婁兜橋，沿著皇家大道一般的路向東走沒幾步，就能看見一左一右兩塊大草坪，在陽光之下，綠得很是富麗堂皇。

　　草坪上最引人注目的就是一對華表了。華表在上古的時候叫做「謗木」。傳說中最為賢明的帝王堯和舜，深知一己之言必有偏頗，想聽聽天下眾人的心聲，於是就在交通要道和朝堂之上立起了木頭做的大柱子，任何人都可以把自己要向他們反映的情況寫在柱子上。可惜後來的君主再也沒有這樣的聖明，而且他們連奏章都看不過來，又哪來的工夫抱著大木頭去看「某某到此一遊」呢？於是，木頭變成了參天的大石柱，功用也發生了大變化，成了宮殿、陵寢、城垣和橋樑前面用來裝飾和紀念的東西。正因為如此，華表越做越精細、越豪華，到後來，它的周圍總是有圍欄，華表的下面也有了須彌座，表上蟠龍遊動、青雲沉浮，頂上還有尊貴霸氣的蹲獸。

用華表做裝飾的地方，當然要建得大氣，甚至有點皇家的派頭，所以這一片連草都不准亂長，花也不得亂開，惟獨人可以亂走。

在如此莊重的環境中，中央花壇中的蝴蝶花竟然扮著小鬼臉，真是學會了北大學生的淘氣。

　　這一對華表很有意思。它們一粗一細，根本不是天生一對。這可不是開玩笑。華表一般是成對出現，並且有雌雄之分。北大的華表都是被硬生生和自己的伴侶拆開了，又胡亂地瞎湊在一起。這裡確有故事。從前安佑宮前有兩對華表，美名遠播。燕京大學是洋人建的，那時候的洋人很有挾擄中國文物的興趣和能力。有位叫翟伯的美國牧師，實在很有毅力和蠻力，貪心之下，竟然把四根華表運了三根到燕大，剩下一根中途落在城裡，還一度橫臥在天安門前的路南。1931年夏天，北京圖書館建了新館，把天安門前那根搬了去，又把北大裡多餘的一根華表運過去和它重逢。但是誰知道，陰差陽錯地亂點了鴛鴦，到現在北大和北圖的華表都不成對！

貝公樓

　　西門一帶的樓都建造得很有派頭，和校友門遙相正對的就是貝公樓。北大的人一般不這麼叫，嫌「貝公樓」太文雅、太古

嚴整、開闊、大氣，西門這一片就是如此，對稱的佈局是規範的要求，可見北大的寬容並非無度，北大的飄逸並非輕浮。

樸，都大大咧咧地叫它「辦公樓」，反正音也差不到哪裡去，而且也正好叫出了這樓的功用。殊不知，「貝公樓」這名來得有多麼的考究，我們這些沒文化、「殺千刀」的現代北大學生喲，就這樣把個好名給湮沒了！

　　老北大是特別考究的，每一件東西，只要想得起來，都得仔細揣量著起上一個好名字，想不出來的時候寧可讓它「未名」，也絕不亂叫。貝公樓在1926年就修好了，到1931年才把名起好。當時那可是盛況：全校師生員工都來投票，一時意見紛紜，爭吵不休。趁著這趟春風，北大竟然成立了一個「校樓命名委員會」，把北大沒有起好名的樓全拿出來討論。討論來討論去，絞盡了多少

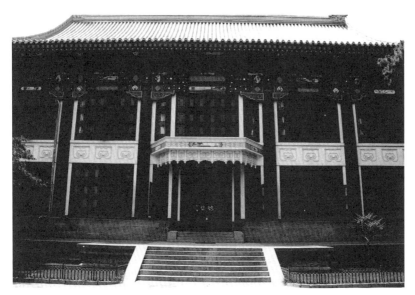

北大老建築原來的色彩沒有這樣飽滿，百年校慶的時候，它們被修葺一新，個個閃亮登場，直到現在還妝容嬌好。貝公樓便是其中一幢。

貝公樓有它與眾不同的氣度，在所有古色古香的建築中，保持它獨有尊貴的，便是它的壯觀和深沉。

草坪的南北兩邊，是氣勢不凡的穆樓和睿樓。

智慧聰明的頭腦，最後才確定這樓叫「貝公樓」，它北邊的樓叫「穆樓」，南邊的樓叫「睿樓」。沈尹默一高興，揮毫大書，三座樓就各得了一塊匾，到現在匾還懸在樓上。

　　無論樓的名字起得多麼雅致、樣子建造得多麼古樸，但它終究不只是拿來觀賞的。貝公樓是北大重要的辦公處所，最值得一提的是辦公樓裡面的禮堂。這個禮堂很有些老式風格，紅木的地板，踩上去「空空」地響；木頭的硬椅子，和我記憶中小時候電影院裡一起身就「誇」地翻過椅面的那種椅子一模一樣；禮堂的臺子布置得也有些八○年代的味道。它和現在新建的正大中心、交流中心等地方的禮堂，在現代性上簡直不可同日而語，但是它

卻幾乎是北大最高規格的演講場所。國家元首如美國前總統柯林
頓、世界著名大學首腦如哈佛大學校長等貴賓，都是在這個禮堂
裡發表演說的。

　　貝公樓前面的階梯，也頗有文章。階梯的正中是一塊丹墀，
上面有二龍戲珠的圖案。貝公樓儘管氣派，可也不配有丹墀作為

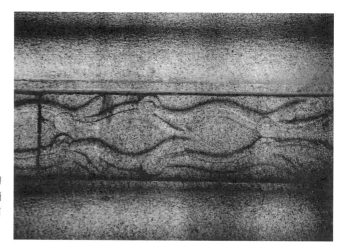

貝公樓有一個高高的
底座，上面是雕刻精
緻的花紋。這幢樓可
謂是講究到家了吧！

這塊丹墀並非單身
漢，只不過它的另
一半離它很遠，在
頤和園裡面和它遙
感相思之苦。

麒麟高174公分，須彌座高98公分，正面寬195公分，側面寬195公分。

裝飾，因為丹墀又叫做雲龍石，「墀」的意思可是皇宮前面的臺階，「龍」在我們的文化中也是天子的標誌，所以丹墀是在皇家建築當中才能有的。這塊丹墀跟頤和園裡的一塊本是一對，原本都在安佑宮前，亂世當中顛沛流離，兩塊丹墀的命運都還不差，至少都還在風雅的地方，沒有變成碎片，砌了農舍。

臺階之外的兩尊石頭怪物，是由好幾種動物身上的部分組裝起來的四不像東西。但是如果叫不出它們的名字來，可千萬要趁沒什麼人的時候低聲請教——這可是件沒有面子的事情，因為這怪物就是大名鼎鼎的麒麟呀！中國聖物的樣子大都比較凶惡醜陋，讓人一看就心生畏懼。但好在石麒麟雕得非常精妙，每隻麒麟連同下面的底座，實際上都是由兩塊石頭刻好之後拼疊起來的，接縫幾乎看不出來，因為它剛巧在一個收縮的位置，叫人以為是刻出來的紋線。真是煞費苦心呀！

麒麟須彌座上的花紋。

貝公樓的南邊是北大檔案館。

葛利普墓

在蔡元培先生任校長之前，北大是很洋派的，西化得厲害，開校務會時大大小小的高層教職員全都要口吐英文，不懂英文就沒有發言權了。這種習氣後來被蔡先生給革除了，不過餘毒到今天還沒有消失殆盡。在今日的北大裡，英文還是重要得不得了，尤其在學生當中，只要能夠口吐流利的英文，那一定是令人羨慕的，自己也能自信地走路，把頭抬得老高，日常生活中也可以出盡風頭。到自習室遛上一圈，可以看到莘莘學子們狂啃的書本大都是英文或英文版的教材。在北大學生裡，不管你的專業有多棒、雜學有多深，若是只能講一口帶著方言的生硬英語，於己、於人看來都是莫大的缺憾。

和現在一樣，老北大的外國教師很多，但是在蔡先生改革之前，很多人也只是碌碌之輩，沒有什麼學問，品行還有問題，但卻沒有人敢解聘，因為那時老外神氣得很，碰一碰那肯定就惹麻煩了。可是蔡先生不怕，硬是把一些濫竽充數的人趕了出去，為此也沒少打官司，但最終還是大獲全勝。從此以後，北大聘來的洋教授在學問和人品上都很不錯了。

葛利普（A. W. Grabau）教授就是其中很值得紀念的一位。他是美國的地質學家，也是世界近代地層學的創建人之一。就像中國古代的經典故事那樣，他小的時候家裡很窮，可卻生得聰穎過人，又異常好學，一邊辛辛苦苦地做報童，一邊學習科學知識，後來到了麻省理工學院埋頭苦讀了九年的地質學，成了學問紮實淵博的博士，在地質學界威望很高。

1870　1946

葛利普教授之墓

In Memory of Professor
AMADEUS WILLIAM GRABAU

教授躺在這幽靜的花園裡，在此駐足的人們感受著他偉大的人格。正是這些散落在北大各處的精神，最終形成了北大的魅力。

　　1920年，教授已經是五十歲了，抗不住文明古國的誘人魅力，來到了中國，一邊做民國農商部地質調查所的顧問，一邊在北大地質系教考古生物學，後來又做了中國地質學會的副會長。中國一代地質學家中，有很多人都師從於他。抗日戰爭爆發以後，葛利普教授同情和支持中國，因為多年來在這個古老國度的生活和工作，讓他對中國產生了濃厚的感情。他曾經致書美國總統，要求美國對中國提供支援。在日本軍隊占領了北平，要強行接收地質所的時候，他竟然以七十多歲的老人身軀擋住門口。太平洋戰爭爆發以後，日本兵對美國人也不客氣起來，葛利普教授堅決的反日態度惹火了這幫喪心病狂的傢伙，他們把他關進了集

中營。葛利普教授在集中營一待就是四年，在經受嚴刑拷打的同時，還能夠偷偷著書立說，實在是很讓人難以置信的事情。就在二戰結束不久，飽受摧殘的老人與世長辭了。他對北大懷有特殊而深厚的感情，葬在北大是他的遺願。一開始，他的墓是在北大沙灘紅樓的地質館前，北大遷址之後，又來到了燕園。

西南聯大

離葛利普教授的墓不遠，就是西南聯大紀念碑。碑身通體漆黑深沉，白色的底座和周圍的綠蔭，使紀念碑顯出無限厚重的內涵。

中國的名校都經歷了風雨如晦的日子，在動盪的年代裡，自我也在痛苦地嬗變，而最珍貴的東西就在這樣的坎坷中凝練了出來，又化為無影無蹤卻無處不在的精神，在校園的上空迴蕩，在每一個屬於她的人心中傳承。沒有歷史的學校可以辦成設施教學都不錯的人才加工廠，但是影響一個人終身的，只能是在歷史中形成、可以春風化雨的精神。

我時常能看見白髮的老人佇立在這座碑前，一動不動，甚至也並不看著碑身，深邃的目光彷彿看到了遙遠的過去，回憶如詩般的美麗，讓他們的臉上帶著一種別樣的溫情。

我也曾經修過一門很有意思的課，上課的老教授就是西南聯大時的學生。每當提到西南聯大時，白髮蒼蒼的他就會像個孩子一樣興奮。他驕傲地說，沒有西南聯大就不會有今天的北大，北大瑰麗的精神也不會保持它的絢爛。

西南聯大紀念碑上刻著西南
聯大的歷史和精神，由馮友
蘭先生撰文。

　　有人說西南聯大
是中國高等教育的奇
蹟。可不是嗎？在三
〇年代晚期的時候，
中國三大著名大學──
──北大、清華和南
開，竟然合三為一，
這該是怎樣的壯觀
啊！有段時間，盛行
大學合併，把幾所大
學揉到一起，不知道
是不是想重現當年西
南聯大的成功？可惜的是，此一時、彼一時，恐怕事情不再是那
麼回事了。不過，北大、清華的學生倒是在私底下認真討論過兩
個學校再次合併的設想，連校名都有好幾個方案，清華學生喜歡
「北京清華大學」，因為看似把北大放在了前面，實際上北大的影
子卻在校名中就已經消失了；北大的學生倒是沒這麼狠毒，說是
叫「北清大學」就可以了。後來還有人跳出來，說因為北大、清
華之間就隔個藍旗營，乾脆叫「藍旗營大學」好了，可這名字也

實在叫不響亮。看看，光是校名就這樣意見紛紜，所以儘管兩校只有一路之隔，而且院系設置相當互補，並且大家都知道她們雙劍合璧可以天下無敵，甚至可以挑戰哈佛、牛津，可是合併只可能是一個構思，成不了事實。再說，北大男生恐怕是舉雙手反對的，他們抱怨現在北大都快成了清華男生的後花園了，再一合併，北大美女人才的流失情形，一定會嚴重到燕園裡鬧饑荒的程度。

　　當年西南聯大三校合併也實在是迫不得已。日本鬼子凶神惡煞地打過來，北平天津很快全被他們給占了去。三所大學趕緊逃到湖南避難。患難之中，相互之間情同手足，合成一家順理成章，起個名字叫做「長沙臨時大學」。可是日本鬼子緊追不捨，一陣就殺奔到長沙，三所大學還沒有喘上一口氣，又只得再次顛沛

西南聯大校訓

西南聯大校門

西南聯大校園一隅

遭日本飛機轟炸後的西南聯大校舍

用汽油木箱疊成的圖書館書架

1946年5月3日，西南聯大中國文學系師生合影。

流離，一逃就盡可能往遠處逃去，一直到昆明才敢歇腳。教育部
知道抗戰不是一年、兩年的事情了，於是就把「臨時」兩個字給
取消掉，稱之為「西南聯合大學」。

　　我曾經參觀過聯大的舊址，其殘破程度大大出乎我的意料。

西南聯大校旗

當年的聯大就是在條件極其艱
苦的情況下，讓中國的高等教
育保持不中斷的。非但如此，
西南聯大實在還創造出了許多
的奇蹟。

　　三所學校都是傳統深厚、
性格鮮明的。北大瀟脫飄逸、

自由寬容；清華嚴謹踏實、聰明睿智；南開精幹高效、吃苦耐勞。人說北大如山般靈秀，清華似雲樣聰穎，南開像海之靜穆。西南聯大一時之間竟把這三種風格毫不費勁地融為一體了。在聯大裡，學術上保持了北大一貫的百花齊放、各種思想爭奇鬥豔的熱鬧景象；同時，清華、南開的嚴格和嚴謹也表現得淋漓盡致，批改試卷不像北大那樣對學生寬容無度，而是不及格的學生被抓得哇哇亂叫。北大從來專心於「文明精神」，不甚重視「鍛鍊體魄」，清華、南開卻逼著學生要向身體力強方向發展。西南聯大的時候，體育成為必修課。但是因為有北大的仁慈心腸，所以要求並不嚴苛，只要持續上課，考試時一律開綠燈。

　　北大原本是很散的，學生由於自由而非常自我，他們之間常常是「雞犬相聞，老死不相往來」，具備很高強的把人看成是透明的神功，所以「團結」這個詞在北大非常不合時宜。好在西南聯大的時候學了些清華、南開的團隊精神，到今天，北大人雖然還是不熱中相互之間的往來，但是在合作方面比起從前來還是進步了不少。這也是聯大時期帶給北大的重要改觀。

　　聯大是輝煌的，因為她不但學系齊全，而且集中了北大、清華和南開的著名學者，實力之雄厚，可以想見。就學生而言，早期聯大的學生可都是三所學校的肄業生，素質很高。後來聯大招生時，標準一直擺得非常高，選拔起來也十分嚴格。學術上碩果累累，大批的人才也因此被培養了出來。

　　當時的學者們多是才子，所以一不小心就會傳出些經典趣聞，青年學生們又總愛別出心裁，在哪裡都能找到樂子，所以聯大的生活雖然艱苦，但是仍然詼諧快樂又多姿多彩。話說劉文典

先生當時講莊子，總是閉目端坐，在意境中把自己的心得徐徐道來。他的朋友吳宓先生，別號雨僧，也常到劉先生的課堂上去聽他講體會，每次總坐在最後一排。劉先生仍然是不睜眼，只有在自己講到得意之處時抬眼望去，問道：「雨僧兄以為如何？」吳宓則應聲而起，高聲讚道：「高見甚是，高見甚是。」兩人每每如是。

西南聯大的八年，是「剛毅堅卓」的八年，是三所學校歷史上特殊而難以磨滅的一段歲月。

校史館

在西南聯大紀念碑前往南一看，就能夠看見灰色屋頂、白色樑柱和臺階的校史館。校史館臨湖而建，前面的小湖裡是每年荷花開得最盛的地方。到六、七月份的時候，只要往這邊來，荷葉的清香總會讓人神清氣爽，把一身的暑氣不知道趕到多遠的地方去了。淡粉和潔白的荷花在滿池荷葉的映襯之下，純美又嬌豔，一直要開到秋意漸濃的時候才悄悄地謝了。

小湖的東岸，原來是一片雜亂的房子，亂到我不止一次地在這裡迷過路。學校也許一時沒有想出來應該在這裡建上點什麼，所以也一直任這些房子隱藏在垂柳之間，好在它們遠望過去並不引人注目。後來也不知道是誰靈機一動，東岸就被圍了起來，好長一段時間不知道裡面究竟在做什麼。路過的時候，屢屢想方設法去窺視，但還是一頭霧水。要知道，在北大增減一處建築是一件非同小可的事情。在北大師生的心裡，現在的燕園風光已經很完美了，再

像北大這樣有光榮而悠長歷史的學校，的確需要有像這樣一座氣派的校史館。

北大的魅力有很大一部分是植根在歷史中的，沒有對歷史的領會和珍惜，就沒有北大的「常新」。

要動它，常常會弄巧成拙。所以圍欄外面總是有人在憂心忡忡地擔憂著，生怕建修出來個煞風景的東西。等到塵埃落定之時，大家看到了一座帶著古風的校史館，長久的擔心才算告一段落。

北大應該有一座校史館，因為瞭解北大歷史的同時，就是瞭解中國近代高等教育發展的歷史。

不知道是出於幽默，還是認真的，有人竟把北大的歷史一直上溯到中國古代的太學和國子監，這自然是出自對北大的愛，而且也能說出幾分道理來：說是北大原來是國家辦的京師大學堂，和中國傳統的官辦「國立大學」──太學和國子監一脈相承，所以北大可是不止一百多年了，這樣算起來，恐怕可以稱為世界上資歷最深的大學了。

不管北大的人有多麼喜歡這種說法，可自己也會覺得有那麼一點牽強。其實何必非要追求「老」呢？北大是中國近代高等教育的開始，從1898年算起就可以了，沒有必要把她和舊式的教育機構扯在一起。

鴉片戰爭是禍也是福，至少讓古老的中國在苦痛中第一次真正看清楚世界到底是個什麼樣子，轟隆的炮響讓我們的人民從此後在心驚膽戰中掙扎，卻也第一次驚醒了沉睡的東方雄獅。西學東漸的潮流湧動起來，有識之士們開始了新學的苦旅，東洋學了學西洋，有了一直影響到最高層的戊戌變法。1898年，京師大學堂就在飄搖可危的變法中，作為改科舉、興學堂的一項舉措而建立起來了，把馬神廟的和嘉公主舊第改作了校舍。變法失敗之後，因為大學堂裡已經安置了很多洋人做教席，他們自然不樂意因為取消學堂而失了業，透過各自的政府明示、暗示之下，西太

京師大學堂掛鐘

后才沒有把它給連根拔了。可是，京師大學堂就和晚清的政局一樣飄搖不定，也顯不出它的生命力來，一切都是因襲舊制，不見得有什麼改天換日的跡象和希望。

好不容易經受住了兩度關門的厄運後，京師大學堂隨著辛亥革命的發生而改了一個新派的名字——北京大學。可是命運沒有什麼大的轉機。北大是國立大學，所以總不免受政治的影響。民國初年的政治簡直混亂不堪，北大也風雨飄搖，尤其是在教育經費上，簡直舉步維艱。好在當時的第一任校長嚴復是北大的貴人，頂住了教育部讓北大停辦的壓力。

早期的北京大學校門

早期的北京大學校園

1913年11月，北京大學第一次畢業攝影

　　這個時候，北大的舊習氣仍然很重，而且是個腐敗之鄉，臭名遠揚。蔡元培先生任校長時候的大膽改革，才讓北大真正成了學術的殿堂。而且，他的寬容也讓北大寬容起來，尤其對於學生，更是少加約束。北大成為新文化運動的中心，成了五四運動的發祥地，從此以後有了學術自由、思想激進和胸懷天下的名聲。北大在二十世紀的二〇年代是如此的輝煌和耀眼，今天北大籠罩的光環和在中國人心目當中無可比擬的地位，實際上都是那個時候形成的。「沙灘紅樓」成為如此神聖而誘人的辭彙。

　　存在八年的西南聯大在抗戰勝利之後，三個學校又分了出來，各自回到了原來的地方。國內革命戰爭後，新中國政府在教育上仿效蘇聯，進行全國範圍內的院系調整，燕京大學的文理科都併入北大，工科納入清華，分成兩半之後，「燕京」之名不復

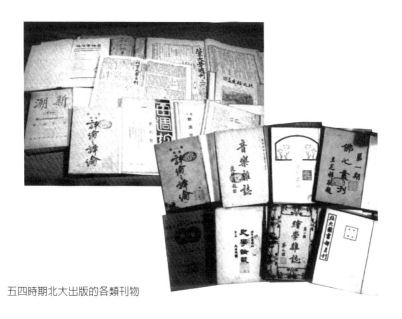

五四時期北大出版的各類刊物

五四運動時北大師生與被捕歸來的學生合影

五四運動時軍警逮捕在街頭講演的北大學生

五四運動時的紀念章

1949年2月28日，北京大學舉行歡迎接管大會。圖為北大校務委員會常委湯用彤（左二）等在大會主席台上。

1957年11月6日下午，周恩來總理（中）在北京大學校長馬寅初（左）和副校長江隆基（右）的陪同下，來北京大學視察。

1957年5月5日，鄧小平副總理陪同蘇聯最高蘇維埃主席團主席伏羅希洛夫參觀北大，在辦公樓前受到同學們歡迎。

存在。北大於是從沙灘搬到了燕園，才和現在的北大校園相一致。

　　北大就是這樣在艱辛坎坷、一路曲折中走來，帶著她在風風雨雨中凝煉的精神和獲得的光榮，些許蒼涼、些許蹉跎，但驕傲著自己的不平凡，也無愧於成爲中國高等教育的象徵。

5 陽光下的草坪

來吧，躺個大字看天……

塞萬提斯像

　　繞著校史館轉上一圈，發現它的背面眞是別有洞天。「三．一八」烈士紀念碑的後面是一座小山。呵，原來北大還有被我給遺漏的地方，這對於一個在北大待了六年的愛逛、愛玩的人來說簡直難以接受！於是，我趕緊把這座小山掃蕩了一遍。好在雜草叢生之中也沒有什麼特別值得一看的風光，總算是讓我不會因爲漏過它多年而遺憾。

　　剛要下山的時候，卻碰見了一隻兔子，睜著一對紅得像寶石的眼睛，一眨也不眨地盯著我。我好心好意上前跟牠打招呼，牠卻很是傲慢地轉身進了草叢中，把個小屁股對著我。

　　眞是，學什麼不好，非得要學北大學生那股不友善的脾氣？我一生氣，打開相機要讓牠曝光。牠倒是聰明而好面子，居然把臉轉了過來。眞是個小滑頭！

　　從小山上下來時，看到的景致倒是很讓我驚訝了一陣：這是多麼幽深靜謐的所在呀！一座已經有些殘破的小橋，連接著兩岸

一個有「愛國運動」和「革命傳統」的學校自然少不了，也忘不了她曾經擁有的烈士——尤其是那些無畏而熱血的青年。這是烈士紀念碑。

的亂石，一條小溪平緩地流淌在橋下，一直流向小湖。小溪的上面，濃密的枝葉把藍天嚴嚴實實地遮了起來，斑駁的陽光稀稀落落地灑在水面上。往這岸邊一站，就會感到一股陰涼之氣，讓人覺得有些寒意。

　　本來還想多流連一會兒，不料來了一對情侶，在一塊石頭上坐了下來，依偎著正要說些什麼體己的話，一下子發現了我的存在，又看我東張西望地看來看去，他們就顯得不自在起來。沒有關係，我是很懂事的。美景四處都有，而人跡罕至的地方卻少，我這樣的觀光者自然應該把地方讓給你們這樣需要抒發情感的人們。

亂石亂樹之下的小溪，正在為它的不受叨擾而快樂，臉上的光彩，彷彿占了好大一個便宜。沒錯，在北大能得清靜一會兒，真是要懷著感激之情的。

百年校慶的時候，清華大學寫給北大的情書：「北大清華，友誼常青。」北大感動之下，把它安置在草坪中顯眼的地方。

塞萬提斯站在高臺上,他面前不遠就是「智慧樹」。

　　走沒幾步就可以看到一尊青銅雕像。銅像雕的人一身歐洲劍俠騎士的打扮。我剛往這裡一站,又來了一對情侶,男生大概是帶著他外校的女友在參觀北大,神色很是驕傲,滔滔不絕之下言多必失,張口就出了口誤,說:「這可是著名的唐吉訶德像。」女孩「哦」了一聲,說:「神情雕得可一點喜劇色彩都沒有,這麼嚴肅,還有些貴族氣哩。」男孩這才發現一不小心說錯了,用身體擋住了雕像下面的文字介紹,說:「走,上那邊看看。」

　　看著兩人遠去的背影,我羨慕起塞萬提斯[1]來——他塑造的人物形象是如此深入人心,想起他來時,他創造的人物先於他自己

---

[1] 塞萬提斯(Miguel de Cervantes, 1547〜1616)是文藝復興時期西班牙偉大的作家。塞萬提斯本人一生的經歷就是典型西班牙人的冒險生涯。塞萬提斯出生於一個貧困之家,僅受過中學教育。二十三歲時他到了義大利,當了紅衣主教胡利奧的家臣。後又參軍,經過了四年出生入死的軍旅生涯,回國後的塞萬提斯,並沒有得到菲利普國王的重視,終日為生活奔忙,他因不能上繳稅款,不止一次被捕下獄,就連他那不朽的《唐吉訶德》也有一部分是在監獄裡構思和寫作的。1616年他在貧病交加中去世。

跳入了人們的腦海，這對於一個作家來說是何等的幸福！而真正能夠千古垂名的文豪，在他們的生前卻往往要經歷非常的艱辛，這也許是因為必經磨礪之人才會有深邃犀利的眼光洞悉世間各種情態。塞萬提斯當時的生活條件也是相當糟糕的，住的地方上面是妓院，下面是酒館，成天吵鬧到深更半夜還不肯止息，可是名著《唐吉訶德》正是在這樣的紛亂之中誕生的，怪不得它帶有些諧趣的玩世不恭。

　　十幾年前，北京和馬德里結成姊妹市，為了表示友好，馬德里市政局把馬德里西班牙廣場上的塞萬提斯像複製了一尊，送給了北京。到底應該把這尊像安置在哪裡呢？這倒是一個問題，總不能把它放在天安門廣場上吧。因為塞萬提斯在文學界的名望，把他的像送到北大倒真是一個不錯的主意。這讓西班牙人也很滿意，因為北大對塞萬提斯的尊敬，他們早已經領略過：四年前，北大舉行了一次紀念塞萬提斯逝世366週年的大型紀念活動，那時候，西班牙大使和另外九位操西班牙語的國家大使，一起在北大的草坪上種植了一棵形狀奇異而美麗的樹，起名「智慧之樹——塞萬提斯樹」，現在正好把塞萬提斯像放了附近，真正是絕配。

南閣北閣

　　塞萬提斯像附近的草坪最是可愛，地毯草總是修剪得整整齊齊，幾棵大樹的樹冠差不多就能夠把偌大一塊草坪都蓋住了，樹蔭之下，草綠得那個飽滿喲，簡直要溢出來了。太陽光照著的地方，草的顏色彷彿是油畫中綠色之上又塗了一層黃，金燦燦的，

甚至有些耀眼。原先這一帶的草坪是可以在上面坐臥行走的，我在大二的時候，甚至養成了春天的午後上這裡來，坐在草坪上，靠著大樹，擺出一副看書的姿勢，在春風和煦之中作上悠悠一夢的習慣。但現在這點情調是不再允許了。草坪種得太漂亮，造價也相當昂貴，所以就在上面豎起了「小草微微笑，請您旁邊繞」，或「踏破青氈可惜，繞行數步何妨」的小牌子，讓修養不錯的北大師生只有眼巴巴看著好地方而不能進去了。但好在草坪的小路上修了些石桌、石凳，坐在這裡享受春風也是一件不錯的事情。這不，正好有一位長髮的女孩坐在這裡，專心致志地看著一本十六開的大部頭書。陽光照在她的身上，長髮閃著棕紅色的亮光，在微風中輕輕飄起一縷來，真是看著都愜意。她大概也覺得很舒心，臉上一直帶著淺淺的笑。她雪白的衣服在一片翠綠當中，簡

這麼精緻的草坪，這麼撒嬌賣乖的要求，又怎能不讓人愛惜這滿地的綠意呢？

大概北大學生喜歡在「open air」中讀書吧，很容易看到這樣的桌椅，但很不容易看到有空著的時候。

大片大片的草坪，修剪得整整齊齊，錯落有致地種上樹，草地上的綠蔭如此誘人，可是只能看，不能上去玩，真有點鬱悶。

南閣、北閣是北大智慧的象徵。這樣的屋頂是不是顯得「聰明絕頂」呢?

北閣前是熱鬧的花壇,旁邊卻是幽靜的園子,而它自己呢?大概是活躍思考著的智者。

這是俄文樓的屋頂。俄文樓是北大外國留學生學習漢語的地方。

直好看極了。可是，當我想把她拍進相機的時候，她卻走開了，依然淺笑著，讓我很不好意思：是我破壞了她的安寧。

草坪的東面就是有名的南閣、北閣——兩座一模一樣的古代風格樓閣，它們相對矗立，在陽光下，淺灰的屋頂泛著光暈。它們之間的花壇中，虞美人紅得像火，金菊黃得耀眼，和南北閣亮麗的朱紅與純白配在一起，大老遠看過去都是一個絕對的亮點。

北閣的外面站著一大群衣著現代又得體的年輕人，三三兩兩地議論著出國留學或考察的事情，又是歡笑、又是感慨。我知道了，他們一定是今年要飄洋過海出國讀書的北大學生。因為北閣是北大外事辦公室所在的地方，他們一定是相約到這裡來辦出國

手續的。有一個男生談著談著，突然抬頭看了一眼北閣的屋頂，大聲說：「要是美國也有這樣的屋頂就好了，這個樣子的建築漂亮，顯得有文化。」呵，還沒有出去就已經快得思鄉病了，出去之後才夠你熬的。

李大釗像

南北閣以東，是一個參天大樹覆蓋著的園子，最是一個幽靜的所在。茵茵綠草之間，縫裡生著小草的石板路曲曲折折，彎來彎去地向整個園子延伸著。從一個入口進去，感覺一下子就變了，從南北閣處得到的明快轉成了帶些陰濕的莊重和肅穆，或許是這裡松柏很茂密的緣故，松樹和柏樹本來就是嚴肅滄桑的樹種，更何況它們出奇地高大，碩大的樹冠把陽光全擋在了外面。

這片園子是1979年建起來的，是個健身和念書的好地方。天氣好的時候，有的小班也喜歡到這裡來上課。

李大釗

這樣的氣氛一定預示著些什麼。果然走沒幾步，就看到了李大釗[2]先生的塑像。半身的銅像坐落在兩公尺多高的底座上，氣勢不凡。銅像塑得最出彩的是李大釗先生的眼神和鬍子：他的目光憂慮而深邃，有一種奇特的光芒，彷彿銳利到可以洞察一切；兩撇鬍子極有個性，現出剛毅頑強。

這座銅像和蔡先生的那一座一樣，是由北大七七屆和七八屆的畢業生在離校前夕，爲了表達對北大深深的眷戀之情而自發捐款建的，同時也表達了當年對北大有傑出貢獻的先輩們的景仰之情。

[2] 李大釗（1889～1927），字守常，河北省樂亭縣人。他十六歲考入天津北洋法政專門學校，二十四歲留學日本，入早稻田大學讀本科，學習法律和經濟。在日本，他接觸到各種社會主義學說，並開始學習和研究馬克思主義。1916年回國後，李大釗先後擔任《新青年》、《少年中國》、《每週評論》和《晨鐘報》等進步刊物的編輯或主任編輯。1918年他受聘擔任北京大學圖書館主任。1920年，他發起組織馬克思主義學說研究會。同年，任北京大學教授，在史學、經濟、法律等系，以及北京朝陽大學、中國大學、女子高師等院校授課，並參加了籌建中國共產黨和領導北京地區黨組織的革命活動。1927年4月6日他被奉系軍閥逮捕，28日遇害。

李大釗先生銅像

李大釗先生被稱爲爲北大盜取火種的普羅米修士，因爲他是第一個在北大，乃至在全中國系統介紹馬克思主義的先驅，這對中國有異常重要的意義，直接和間接地影響了中國歷史發展的方向。這也是爲什麼把他的像安放在俄文樓前面的緣故。在當時的中國，馬克思主義作爲一種異端理論，能夠得以在中國傳播並產生這麼大的影響，一是因爲北大學術思想自由的風氣，對各種思想都採取非常寬容的態度，另外也的確是因爲先生具有過人的勇氣和對馬克思主義的堅定信仰。李大釗先生的思想和人格影響了當時許多的熱血青年。在他擔任北大圖書館館長期間，身邊先後聚集了像毛澤東、許德珩、朱自清、高君宇、趙世炎等著名人物。

李大釗先生曾說過：「青年者，人生之王，人生之春，人生之華也。」站在他的塑像面前，不由得讓人捫心自問：我是否有過無悔的青春？我是否珍惜過自己的春天？人生之華又將會有怎樣的人生之實？

小園幽徑

　　這個幽靜的園子是在1979年的時候建成的，在園子的東南角有一塊紀念碑就是紀念建園的。看著它的形狀，很像自然天成的樣子，彷彿是好幾本讓人讀得眼發黑、頭發昏的大部頭書，錯落有致地疊了起來。它沒有雕琢的痕跡，大概是幸運之間偶然發現的一塊奇石，稍加打磨之後，就已經是很有意境的雕塑了。

　　這個園子最大的特點，不是浪漫，而是閒適。每天清晨，很多人來到這裡練太極拳，有白髮蒼蒼的老人，也有年富力強的中年，還有不少的毛頭小伙子，其中不乏外國留學生。說來也有意思，反倒是外國人對中國的太極氣功感興趣得很，而且以會一招半式而驕傲得不得了，逢人便說：「我在練中國功夫。」那弦外之意就是：「我是個中國通，而且身懷神功，很不好惹喲。」其實他們學太極也的確學得很認真，甚至也有中國功夫果真了得的人物。以前在這裡總能看見一個穿著藍色中國傳統習武裝束的外國小伙子，長拳打得實在是很漂亮。現在大概早就畢業了，說不定回國去開中國武館了。

這是建園的紀念碑，剛好在園子的入口處。旁邊的那條小徑上種著樹冠低矮卻繁茂的樹，把彼此對望的長椅隔開，各自享有獨立的空間。

　　白天的時候，這裡的長椅上或坐或躺，人氣雖然旺盛，但小園還是特別幽靜。個人自得其樂，互不干擾，優哉遊哉，就連散步的人也走得比在其他地方任意蹓躂的人要慢不少。

　　每個星期六的晚上，這裡便成了英語角。操著各色英文、各種年齡、來自各個學校或單位的人們在這裡一見如故，用「鳥語」談得甚是投機，一時間交流資訊和思想、交朋會友、練習口語等多種目的同時達到，眞是不亦樂乎。但說實在的，北大的英語角人氣並不旺，站在園中不大的空地上還顯得稀稀落落，根本沒有辦法和人民大學的英語角相比。是什麼原因造成的，實在說不清楚。也許是北大的環境不太能夠讓人放肆，而講外文往往需要像李陽教的那樣「瘋狂」；也許是這裡環境太幽靜，交談時對方容易把自己不標準的發音聽得一清二楚，多少讓人心虛和難堪；也許這裡是在俄文樓的前面，本來應該是俄語角，所以用來做英語角風水不好。嗨，要說原因可以一口氣列出一大堆來，實際上也沒有人眞的要把它作爲課題去研究。

靜園草坪

　　小園子的南面比鄰著的是靜園草坪。北大的草坪沒有比這一塊更和藹可親的了，因爲這裡不會有「禁止入內」的牌子，是一片眞正可以讓人全身心享受的草坪。

　　靜園草坪不能算大，以前上體育課的時候，在這裡測過八百公尺長跑，繞著草坪跑兩圈零一邊兒就是了，可見方圓也就五、六千平方公尺大小。這裡妙就妙在它的簡樸清爽，一眼望去，無

靜園草坪。草長得不
茂盛不是它的錯，工
程隊在這裡打了一年
多的地熱井，現在才
開始重新培植草坪。
過不了多久，它又將
恢復從前的風朵了。

遠離地熱井的地方，
還保留了曾經的枝繁
葉茂、綠草茵茵。

北大的烈士紀念碑，
在靜園草坪的北端。

杭愛碑下辛勤的烏龜，多
年的風吹雨打，它的形態
和線條還是那樣生動。

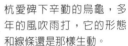

一對杭愛碑左右對稱的立在
靜園草坪上，雖然雄壯，但
卻沒人真正理會它們，來來
往往中，只把它們當作有些
不太相稱的點綴。

遮無攔的一大片草地在藍天下安靜而平和地躺著。

　　草坪的北端有一座紀念碑，是紀念在近現代史上為了救亡圖存、追求真理而獻出生命的人們。一眼乍看上去，會覺得這座紀念碑的樣子奇特，彷彿是幾個山形交錯重疊起來的。仔細一研究，才會發現它實際上是一個「心」字，大概是寓指這些有識之士們一心為國吧。

　　在草坪北端的東西兩角，各有一塊螭首龜趺的杭愛碑，是紀念四川巡撫杭愛的，說是他為官清廉、任勞任怨、「調軍協餉，勞績甚著」，很得康熙皇帝的賞識。皇帝下令給他立了三塊碑，這是其中的一塊。西邊那一塊是康熙特授杭愛為「資政大夫」的誥命。只是不知道這個和北大沒有什麼關聯的巡撫大人，他的至尊

有人奇怪，一院到六院為什麼都被圍牆圍住？當年它們可是女生宿舍，哪能把閨房露在外面！

這一片現在是各種研究中心。在婦女研究中心的古代宅門中進出的是金髮碧眼的外國小伙子。

院子裡面其實挺寬敞的呀，而這株老樹，是不是曾經也被女生們在上面曬過衣服？

門上面是長勢討喜的樹藤，像給它戴了一個大草帽。

光榮之物，怎麼跑到北大來了？不過，現在我們也就當這兩塊碑是裝飾物了，很少有人知道它們原本有什麼意義。草坪的東西兩側是六個院落，一邊三個，採用的是傳統三合院式成組的設計。房子是木結構的，修得古色古香，是北大幾個研究所辦公的地方。這六個院子從前是燕京大學的女生宿舍，而未名湖北岸的德才均備四齋，則是燕大的男生宿舍。哎，現在我們住的鴿子籠房子實在不能和那時候燕大學生的宿舍相比。看那園中，綠樹成蔭，芳草萋萋，幾枝白色的小花伸出牆來，大門後的架子上蔓藤依依，住在裡面是何等幸福啊！靜園草坪的草並不是價值不菲的地毯草，平時也不太常修整。草高高低低，充滿野趣，少有人工

雕琢的痕跡。草坪之間是曲折迂迴的小路，鑲著美觀的黃色和褐色卵石，往路上一站，心也隨著它的走向而自由起來。

靜園草坪彷彿是特意設來供大家玩耍的，因此這裡最是一個愜意的去處，春夏秋冬、一年四季都有很不錯的玩法。

春和景明、草長鶯飛的時節，草坪的綠還有些稀疏，看上去斑斑駁駁的。暖風吹過來，小草隨風輕搖，春天的舒展就已經在這剛睡醒的小草身上流露了出來。這時候的草坪份外熱鬧。剛脫下冬衣的人們迫不及待地來到這裡，也顧不得淺草下裸露的泥巴會弄髒新添的春裝，坐在陽光下聞著

雜草中的石頭，像是有趣的雕塑。趴在木樁上的小貓拒絕和多情的小狗玩耍。

青草的芬芳，悠閒地看看書、聊聊天、出出神，春天就在這樣的不知不覺中姍姍而來，依偎在人們的身旁。要是遇上風比較合適的時候，靜園草坪上又有別樣的景觀：男孩牽著女孩、老人帶著小孩，滿草坪跑著，如蝴蝶、如金魚、如蜈蚣的風箏，就在藍天上高高低低地飛舞著，五彩斑斕。也許是因為人們都顧惜著腳下還嫩得叫人心疼的小草，放風箏的時候總是慢慢地跑著，所以靜園上的風箏總是飛不高，遠遠地越過樹枝看過去，常常會以為那是開在什麼樹上的一大片、一大片的花。更有那靜靜站著拉扯著風箏線的女孩，眼睜睜地看著風箏飄落下來，卻只是一個勁地樂，等到風箏落到草坪一邊埋頭看書的男孩頭上，把他整個腦袋都包住的時候，旁邊看的人才知道這個女孩是何等的淘氣。

　　夏天的時候，白天沒有人再敢到沒有遮攔的草坪上去經受曝曬，只有在草坪邊緣上的大樹下，坐著些熱愛自然到一刻都不想離開的人。在其中的一棵大樹下，碰巧有一張白色的石頭椅子，中午的時候，總是有男生在上面躺著，用書蓋住臉，酣然睡去，走到近處還經常能聽見那夢中人愜意的鼾聲。可是一到傍晚，靜園草坪的熱鬧、人口密度之大，簡直是讓人歎為觀止。在這個時候，躺個大字看天的人是如此的多。是呀，頭頂是朦朧的藍天，晚霞潑得大半個天都是。夕陽緩緩地消失在翹著簷角、輪廓森黑的屋頂之後，那紅霞卻越發絢爛起來。躺在厚厚的、鬆軟的青草上，泥土的濕潤讓渾身舒服得不得了，瞬息萬變的雲彩就在頭上，慵懶恬適地看去，心在半醉半醒裡感動著什麼、懷念著什麼、憂傷著什麼；記憶中的、傳說裡的情節，怎麼想也想不起來了，可那情緒卻像陳年的窖酒，越發濃郁了……。

在爬滿藤蔓的石山前站著乖乖的小羊，可正因為它的背很平，坐起來舒服，所以一到晚上，總有兩三個人騎著石羊聊天。

在北大，如火的七月最是傷感的季節，而七月的靜園又是最傷感的地方。從六月一開始，畢業生們的情緒就變得怪怪的，原來在眼中平凡瑣碎的一切都漸漸富有情調和深意起來。平時罵罵咧咧地對著燕園，現在卻覺得校園是將要久別的情人，可愛到完美無缺。於是，幾乎每天晚上，靜園裡都有圍坐的畢業生，遠遠就可聽到吉他浪漫而憂鬱的聲音，低沉的男生合唱著一首接一首的校園歌曲，唱到《寂靜之聲》的時候最是動人和傷感，唱完後總是有好長一段時間的沉默。這時候，另一邊的燭光就顯得更加耀眼，一大群男男女女圍成一個大圈，幾瓶啤酒挨個兒地傳遞

著，四年的往事全湧上了心頭，一時間，喝進去的酒全化作了淚珠，從眼角滑落下來。所以每當這個時節，我就不太常到靜園去，那裡太傷感了。

一旦秋天到了，靜園馬上就要籌備中秋的接待工作，因為北大的中秋節是個很重要的日子，幾乎所有的人在這一天都有濃濃的情緒需要自我和相互解讀。這裡的草坪是中秋夜最熱鬧的地方，大老遠就能看見如繁星一般閃閃爍爍的燭光，聽到有些癲狂的歌聲和笑聲。走近一看，這裡有同學們開的大型派對，一大群人在草坪上載歌載舞；也有小情侶躲在大樹的背後，靠著草坪邊緣常青樹做的籬笆，開起兩個人的燭光晚餐，香檳和玫瑰花在燭光和月光下，彰顯著甜蜜浪漫的愛情；還有人抱

這個傢伙真是傻得夠可愛的。

膝獨坐在草坪上,看著天上如盤的月亮,思緒萬千,周圍的熱鬧雖然近在咫尺,但在他們的心中卻是根本不存在的。

　　冬天的靜園也有它的妙處,那就是滾雪球。下雪之後,這裡平平整整一片的白色。那怎麼能放過?北大的學生總是淘氣的,轉眼之間,上面淨是密密麻麻的腳印,一堆人興致勃勃,不辭辛勞地從東到西、從南到北地滾起一個一個的雪球,越來越大,讓被白雪覆蓋住的枯草無處藏身,又露在了外面。滾到酣暢之後,這幫人揚長而去,只剩下大大小小十來個雪球散落到草坪上。馬上,就有人來和他們合影,有的甚至爬到大半個人高的雪球上面,一不小心摔下來時,就誇張地哇哇亂叫,叫聲還沒停,又已經再次爬了上去了。

6 | 弱水三千，只取一勺

而如今，這一勺又在哪裡……

小西門

　　西門向南不遠處是小西門。小西門可是一個不被北大學生喜歡的門。原因是這樣的，北大西邊圍牆外面是一排的飯館和茶館，會享受生活的北大學生時常呼朋喚友，一起出去宴樂。去飯館和回學校，小西門比大西門要近上許多，尤其是對喝得需要兩三個人架住的人來說，這幾十公尺的差距難以忍受。但是小西門是機動車門，門衛又特別嚴格，不化裝成四個輪子的傢伙，想要從這裡進出簡直不可能。看著敞開的門不能通行，繞一個圈後從外面又看到這道門，有些時候覺得憋屈得很。偶爾，喝到酣暢的男生也仗著酒膽和門衛們糾纏不休。開始的時候，這些男生總是一副志在必得的凶神惡煞相，不過北大的門衛很知道抓人的痛處，糾纏到不可開交的時候，就把話題從能不能進門轉移到這些醉鬼們像不像北大學生上來。於是這一下子，男生們的酒就醒了一大半，心裡發虛：是不是真給北大學生丟人了？嘴上還在硬：「像我們這樣向不合理的制度挑戰，才是真正的北大學生！」但卻

一邊說，一邊乖乖地「繞行數步何妨」了。

　　說到底，這都是牆外的餐館位置惹的禍，到後來雪上加霜的是，在離小西門很近的街上又開了一個花卉市場，小西門的不讓行人進出就更加讓人惱火了。北大的學生本來就風雅和浪漫，花卉市場裡既有成束賣出的鮮花，又有盆栽的植物，因此北大學生無論是定期必須向女朋友進貢的可憐男生，還是愛心四溢、喜好家居情調的小女生們，都喜歡到裡面去逛。於是，挑上一大捧紅白玫瑰，把這個月吃小菜的錢全搭了進去的男生，和端著一盆幾個醜陋大蒜般水仙的女生，總會在經過小西門的時候，遺憾地朝它望上一望。

這條路的盡頭就是「臭名昭彰」的小西門。若第一次進北大是從西門或小西門進來的話，絕對會得到對北大的「最佳第一印象」。

勺海長亭

　　小西門一進來，幾步臺階之上就是一條長廊。長廊西邊是一片草地，草地上的迎春花直伸到長廊裡面了。長廊的東邊臨著一泓盈盈的湖水，湖面倒映著曲折的遊廊，很有幾分古雅的意趣。

　　這裡就是北大著名的勺園遺址了，因爲勺園在中國古代文化界的名氣，北大很爲能有這麼一處遺址而驕傲，所以這周圍廣大的一片都被稱作勺園。

從前滿眼是水的勺海，現在就剩這麼一泓淺水了，當荷葉長出來的時候，倒是顯得熱鬧，掩飾了很大部分的寒磣。

西門這邊的荷塘可比清華那「荷塘月色」要美多了，可怎麼就不鑽出個文豪也來寫上一篇「月色荷塘」呢？遺憾啊……

　　然而，除了還有些發舊的遊廊和小小的一池綠水之外，曾經因爲地勢天成、設計精巧、裝飾別致而著名的勺園，今天已經不見蹤影了。世事的變遷就是如此，若不是人們還存有懷古的情懷，曾經存在過的一切恐怕眞的都會煙消雲散。

　　勺園是在明朝萬曆年間建成的，是米萬鍾█的私家庭院，但因爲他的名氣和地位，這又成了當時達官顯貴、文人墨客經常相聚的所在。米萬鍾這個名字似乎並不太爲多少人知道，而且我第一次聽到這名字時，竟以爲他是個俗不可耐的人，因爲「得米萬鍾」之意，豈不是和今天的人取個名字叫「錢億圓」一樣，叫人不可忍受？董其昌我倒是很小就知道這個人，但卻不知道在當時和他齊名的米萬鍾，兩人並稱「南董北米」，因爲董其昌住在松江，而米萬鍾定居北京。

　　米萬鍾建勺園花了很多精力，還親自繪了設計圖紙《勺園修禊圖》。到如今，勺園已經不復存在，可是因爲這幅圖保留了下來，讓我們也能有憑有據地遙想當年勺園的美景。《勺園修禊圖》現在就珍藏在北大的圖書館裡，平時是不得一見的，因爲它已經有三百八十年的歷史了，成了北大的鎮校之寶，萬一有個閃失，誰也擔負不起這個責任。只是在北大百年校慶的時候，學校把這幅古圖做了一個摹本，我們才看到一眼。記得當時侯仁之老先生

█米萬鍾（1570～1628），明朝著名畫家，字仲詔，號友石，陝西安化人，徙居順天，米芾後裔。萬曆23年（西元1595年）進士。歷官太僕少卿、江西按察使。工翰墨，氣勢浩瀚，擅長山水畫，細潤精工，皴所幽秀，渲彩妍潔。畫花卉，宗陳白陽。書跡名天下，長行草書，與松江董其昌齊名。著有《篆隸考》等。

長廊是當年「勺海」的唯一一處遺址，還是後來仿建的。

看著這幅圖，泰斗的臉上竟出現了小孩般的迷戀和幸福的神色。他驕傲的說，雖然和世界上著名的大學相比，北大只有一百歲，還是個小青年，可是全世界卻沒有一所大學能夠像北大這樣，擁有自己校園三百八十年前的文物。

原來這裡有一片很大、很迂迴的水塘，叫做勺海。倒不是因為水塘的形狀像把勺子，而是取「海淀一勺」之意，從海淀的湖水裡盛出這麼一小勺，潑在這裡，便成了勺海了。對這名字的理解，在北大裡有一種很浪漫的說法：所謂一勺之海，一勺之水怎麼才能成海呢？那必然是這一勺在心中就足夠把整個心海占滿了。古書有云：弱水三千，只取一瓢。如今更是專情、癡情，只取一勺就夠了，哪裡還需要一瓢那麼多呢？也許這就是「勺」與「海」之間的關聯吧。

　　當年的勺海裡，亭臺樓閣、堤橋崗埠，全都是建在水上。流水曲折多變，各種建築和景物也散落得別有情調。在有限的空間裡，萬物都是如此的迂迴周轉，竟讓人覺得這裡有迴環不盡的無限境界。袁中道曾經在此感歎道：「到門惟見水，入室盡疑舟。」說是進了勺園後滿眼都是流水，而走進勺園中的屋子之後，也不敢相信這是在岸上，還以為是在船上呢！可見當時勺園的水是如何的無處不在。

　　勺園一直是北京一處有名的居處，當多年過去，數易其主之後，歸屬已不可考，當年的流水盛況也已經漸漸逝去。皇帝卻看上了這個好地方，康熙當政的時候，在勺園舊址上興建了弘雅

長廊迂迴曲折，看上去不知道有多深呢。走一走，才發現，輕而易舉之中，突然間就到頭了，意猶未盡啊。

園，馬葛爾尼（George Macartney）出使中國的時候就住在這裡。嘉慶年間，這裡又叫做集賢院。所謂的賢，當然不會是指賢慧的婦女，古代的賢乃是指人才，而且常指做官的，因此從名字就知道勺園的功用發生了變化，成了官員們在上朝前後落腳休息的地方。相傳在第二次鴉片戰爭的時候，集賢院是囚禁英、法俘虜的地方，後來清廷把他們釋放了，他們卻進行報復，一把火把這裡燒成了灰燼。

就這樣，勺園完全不復存在。現在這條曲折的遊廊，也不過是後來模仿當年的勺園而重新建造出來的。有人說，遊廊北端的亭子以東，是勺園構築前的地下遺址所在地，在那裡還發現過一枚漢代的五銖錢呢。亭子上面「勺海」兩個字是愛新覺羅・溥傑題寫的，「雲縷」是趙樸初的手筆——天上雲縷，地上勺海，天水相接，以爲雋永。

留學生宿舍

現在在北大的地理概念上，勺園更多的不是指一處遺址，而主要是指留學生宿舍區。

在遊廊的南邊，就是延伸至一片廣大區域的留學生宿舍樓。也許昔日這一片的宿舍設施是較爲完善的，因爲中國學生的住宿費和留學生一比，簡直可以忽略不計。但是，隨著新的學生宿舍不斷出現，勺園的留學生樓在某種意義上也不再是被人羨慕的了。

北大的留學生實在不少，總共有一千多人，來自七十多個國家。當然，其中來自中華文化圈國家的留學生要占大多數，尤其

是日本、韓國和新加坡，大都是因為對中華文明的渴慕而來。曾經和一位新加坡女孩聊天，她很驕傲於自己是北大中文系的學生，說起中國古代的話本來，簡直滔滔不絕、不容插話；後來又聊到金庸，更是兩眼放光，談到激動之處，連聲音都啞了。我這才知道，她是錢理群教授的研究生，和孔慶東、余傑等人同一師門，怪不得對金庸的文學地位評價這麼高。可見北大思想的影響有多大了，名師帶出來的學生，哪怕是從不同國度來的，也都能夠在一段時間的交談中，辨認出他出自怎樣的師門。

留學生人數和來自的國家數目是一所大學國際化的一個指標，也反映了一所大學的國際威望。當然這一說法不能用在像北京語言學院這樣的學校上，因為那裡幾乎都是留學生，大部分留學生到中國讀書的頭一兩年都要在語言學院解決他們的語言問題。

留學生是北大一道特殊的風景線，不僅是因為他們的穿著打扮、頭髮膚色，更是因為他們為我們帶來的外國文化。

日本的女留學生特別好玩，她們講起話來喜歡不停地點頭哈腰，一旦表示驚奇時，她們會誇張地大聲感慨，發出「唔」的拉長音。她們的中文大都非常好。一次，一位日本女孩到我們宿舍來玩，當談及她的期末論文時，她自信無比地說：「唔，那是很容易搞定的。」我們覺得很有意思，故意問道：「你知道什麼叫做『搞定』？」她張口就來：「搞定嗎？是『擺平』的意思，這還不簡單！」但是中文實在是一種美麗而困難的語言，在精細之處，恐怕連大多數的中國人也弄不明白是怎麼一回事。曾經有一個匈牙利小伙子在北大學國際政治學，有一次他用中文跟我們講故事，說到一隻烏龜從海裡爬上了陸地，他說：「這隻烏龜登陸

了。」我們哄笑起來，說不能說登陸。他一臉迷惑，說：「登上陸地，不是嗎？就應該是登陸呀。」我們中國學生堅決反對這麼用，他也算平和虛心，馬上把「登陸」改成了「著陸」，說這次包準錯不了，「著」就是接觸到的意思嘛。哪裡知道又被我們反駁了回去，弄得他很是無奈，說為什麼非要用「上岸」呢？中文眞是不可思議，習慣用法越多的語言越是不好學。

留學生一般是兩個人住一間屋子，因爲沒有中國學生那麼擁擠，所以學校不反對他們在自己的宿舍裡開伙，因此不少人做得一手很有特色的菜。有幸品嘗過一位義大利女孩做的義大利麵，實在是比速食店賣的好吃多了。在這一點上，北大的中國女孩是應該自慚形穢的，罕有幾個人具備高超的廚藝，全不是能過日子的

勺園一、二、三號樓，是留學生宿舍。宿舍的條件比中國學生住的好多了，但住宿費也高得多。

等候客人的計程車總是在留學生宿舍前聚集。看來還是老外的錢好賺。

人。不過，這也不是我們的錯，學校嚴格控制我們用電、用火，害怕發生火災。這倒也是，如果人口密度那麼大的中國學生宿舍裡炊煙嬝嬝，恐怕消防車成天都會在燕園裡叫囂著跑來跑去。

　　勺園二號樓的底層和地下一樓是餐飲娛樂的地方。可不要誤會了，這裡不是當年的東交民巷[2]，到此來花錢的人往往留學生比較少，而中國人占了大部分。這裡有自助食堂、有中餐西餐廳，地下一樓還有一個滿有情調的酒吧和迪斯可舞廳。不過，北大學生泡吧時，寧可坐了車到外面去，也不肯圖個方便上這裡來。這也是有原因的。放鬆的時候喜歡換個環境，而且辛辛苦苦挑來挑去才選中的東西無論怎樣，在心裡面都要來得珍貴。

[2]東交民巷，地名。在北京正陽門內之東，原名東江米巷，清朝以來，為各國使館所在地，庚子拳亂後，成為外國人的特別居留地。不平等條約廢除後，此特區也隨之消失。

　　在留學生宿舍樓前，還有一樣和別處不同，那就是停在樓下密集的計程車。雖然說留學生們儘量地入境隨俗，可是因為在本國習慣了開車而不會騎自行車，要坐公共汽車吧，又常常聽不懂站名，所以很多人出門只得叫一輛計程車。北京的計程車師傅是很機靈的，所以就把車開到樓下面，自己坐在長椅上，一邊欣賞北大的景色，一邊等著生意找上門來。而且，這些師傅也都會一點英語，坐到煩了的時候，就朝著路上的行人漫無目的地叫「哈囉」。

正大國際中心

　　留學生樓南面就是北大著名的正大國際中心。據說在1996年竣工落成的時候，這座樓特別醒目，因為它顯得很豪華、很氣

北大最高檔的接待中心——正大國際中心，裡面有會議室、餐廳、咖啡廳和旅館。

這裡是北大唯一一家不做帶豬肉、豬油菜色的餐廳——回民餐廳。

派，然而今天從外面看起來，已經沒有什麼值得稱讚的地方了，比起東門一片的理科樓群，甚至有些土氣了。時代就是這樣，凡是以現代風格顯赫一時的東西，必會有過時的一天，當年的流行變成了不合時宜，甚至會顯得滑稽；而古典卻總是能隨著歲月的流逝而越發得人歡心和珍惜與尊重，就像北大的古式建築，可以永遠美麗動人下去。但好在任何東西只要能經過足夠長的等待，都能變成古典。

　　但是，千萬不能因為正大國際中心沒有了領先潮流的外觀就小覷了它，更不要因為它穿著鄉鎮企業招待所用的那種瓷磚就以為它真的是過了時，中心裡面的裝修的確是非常豪華的——這裡可是北大招待來賓最高級的地方。尤其是國際交流中心二樓的多功能廳，能在這裡舉行的活動都是在北大有全校性意義的，比如

說北大高層接受大財團的鉅額捐贈儀式，一般都是在這裡舉行。
真希望這樣的儀式越多越好。

　　交流中心一樓的大廳裡有餐廳和咖啡廳，但是因為整個中心
具有豪華的名聲，北大學生一般不到這裡來吃喝，即是因為囊中
羞澀，心裡沒底；而且，這裡的氣氛也不允許造次，讓人不能很
放鬆和愜意。但是，其實一樓有個很不錯的去處，就是在大廳裡
擺放著很多的軟皮沙發，前面還有茶几。如果是在北大逛累了，
或者是約人談事情又不想花錢，到這裡來倒是又舒服、又經濟。
門衛不會攔駕，也沒有服務小姐來驅趕，只要不喧鬧就可以了。
這可真是一個不太為人知曉的不是秘密的秘密。還是那幫留學生
對這一處的沙發利用得最充分，甚至連他們的家教上課也安排在
這裡。

7 噓，別驚擾了他們的沉思

當我們高山仰止時……

泰斗園

　　正大中心對面的圍牆裡面，是一處讓北大學生滿懷敬意，而且不會輕易走入的地方。曾經有一個對學術尤其感興趣，對著名學者總是懷著比別人更多景仰的同學，當她第一次聽說燕南園的時候，雙眼就放光。每次她要上圖書館或者到第一教學樓去，都會特意地繞著燕南園的圍牆而行，一旦遇上圍牆的缺口，她就會駐足片刻，看著裡面的一牆一瓦、一磚一石，就彷彿聖徒一樣懷著狂喜和虔誠。但是直到離開北大，她一次也沒有進過燕南園，儘管這個園子有三、四個入口。她說，園子裡面的任何東西都不該受到驚擾，她怕輕微的動靜就會打斷大師們的沉思。

　　北大任何一個地方人都很多，惟獨燕南園總是清幽恬靜。再淘氣的北大學生也不會到這裡來嬉鬧追打，再願意避開外人

馮友蘭

湯用彤

的情侶也不會到這裡來卿卿我我，就連一聲不吭地看書的人，一般也不到這裡來尋找清靜。因為大家都知道，應該儘量讓泰斗們不受外界的干擾。

燕南園在北大學生的心中是泰斗園，這裡不論過去或現在，都住著名震寰宇的學術大師們。比如哲學家馮友蘭[1]、湯用彤[2]、美學大師朱光潛[3]、物理學「四大金剛」之一的饒毓泰，語言學家王力、物理學家周培源、數學家江澤涵等等，都曾經在這裡居住過。如今地

---

[1] 馮友蘭（1895～1990），字芝生，河南唐阿人。中國現代哲學史上著名哲學家、哲學史家。中國社科院哲學社會科學部委員、北京大學哲學系教授。1912年入上海中國公學大學預科班，1915年入北京大學文科中國哲學門，1919年赴美留學，1924年獲哥倫比亞大學博士學位。回國後歷任中州大學、廣東大學、燕京大學教授、清華大學文學院院長兼哲學系主任。抗戰期間，任西南聯大哲學系教授兼文學院院長。1946年赴美任客座教授。1948年末至1949年初，任清華大學校務會議主席。曾獲美國普林斯頓大學、印度德里大學、美國哥倫比亞大學名譽文學博士。1952年後一直為北京大學哲學系教授。

[2] 湯用彤（1893～1964），字錫予，湖北黃梅人。1917年畢業於清華學堂，1918年赴美國留學，1922年畢業於哈佛大學研究院，獲碩士學位。回國後歷任東南大學、南開大學、中央大學教授，1936至1948年任北京大學（包括抗戰時期的西南聯合大學）教授、哲學系主任及文學院院長。1947年被原中央研究院選為院士、評議員，兼歷史語言研究所北京辦事處主任。1949年1月後，任北京大學校務委員會主席，1952至1964年任北京大學副校長、中國科學院哲學社會科學學部委員等。主要著作有：《漢魏兩晉南北朝佛教史》、《隋唐佛教史論稿》、《印度哲學史略》、《魏晉玄學講義》、《湯用彤學術論文集》、《餖飣札記》、《〈高僧傳〉校點》、《漢文印度哲學史資料彙編》等。

理學家侯仁之██先生的寓所也在園內。也許正是因爲這裡留下了如此多大師們的足跡，走在燕南園裡才會有一種難以言表的景仰之情和深重濕潤的幸福感。

一牆的壁虎

　　我做不了像我那位同學那樣的聖徒，因爲我喜歡把什麼都看得眞切。於是我把腳步放輕，還是打算到燕南園去走一圈。

　　沿著石紋斑斕的圍牆向燕南園就近的入口走過去，走沒幾步，卻不由自主地停下來。哦，以前我怎麼沒有注意到：在褐黃的牆上滿是壁虎，有的地方密到沒有縫隙，有的地方牠們的亮綠

██朱光潛（1897～1986），安徽桐城人。美學家。1922年畢業於香港大學文科教育系。1930年獲英國愛丁堡大學文科碩士學位。1933年獲法國史特拉斯堡大學文科博士學位。回國後，曾任北京大學教授，四川大學教授、文學院院長，武漢大學教授、教務長。1946年後任北京大學教授、文學院代院長，中國美學學會第一屆會長，民盟第三至五屆中央委員。第二至五屆全國政協委員、第六屆全國政協常委。畢生從事美學教學和研究，在西方美學思想和中西方文化研究方面造詣較深。著有《悲劇心理學》、《文藝心理學》、《西方美學史》，譯有德國哲學家黑格爾的《美學》等。

██侯仁之，歷史地理學家。原籍山東恩縣，生於河北棗強。1936年畢業於燕京大學。1949年，獲英國利物浦大學哲學博士學位；1984年獲該校榮譽科學博士學位。北京大學教授。在歷史地理學的理論探討、沙漠歷史地理的考察以及城市歷史研究中，開闢了新途徑、新領域，闡明了歷史地理學作為現代地理學一個組成部分的重要意義和作用，並為沙漠治理和城市規劃建設提供了基礎知識，特別是對於北京城的起源、發展，以及歷代水源的開闢和城市規劃的特點，做出了系統性、科學性闡述，具有重要具體意義。主要論著有《歷史地理學的理論與實踐》等。1980年當選為中國科學院院士（學部委員）。

正好和牆壁的顏色交相掩映。這些壁虎在牆上彷彿是在描繪著什麼圖畫，也許是在書寫著一種難以解讀的文字。哎，只有泰斗們才讀得懂了，我還是不要班門弄斧，在這裡瞎扯些什麼。這一牆的綠真是好看，平時都是匆匆而過，真是錯過了不少的好風景。

從一個緩緩的斜坡走上去，就可以進入燕南園了。這裡一左一右立著兩塊碑，十分高大。據說這是花神廟碑，但是經歷了世事變遷之後，碑上的文字已經模糊到不可辨認，透著一股濃濃的滄桑。

燕南園北面這一道二十多公尺的筆直圍牆上都爬滿了壁虎，時疏時密，錯落有致。

幽幽庭院

　　進了燕南園，那種空氣中瀰漫著說不清、道不明的凝重深沉感覺，馬上讓我的心裡有些異樣。我把腳步放得更慢、更輕了，從大道上一拐，進了一條樹蔭覆蓋之下的小徑。那濕涼的感覺讓我莫名其妙地有些膽怯起來，自己也不知道這到底是為什麼。

　　四周都是院落。這裡的院落都是陳舊到恍如隔世一般。有的是兩層的小樓，完全是民國時期仿西洋風格的建築。有的卻是拐來拐去的大院子，彷彿是二〇年代平凡人家的居所。但是無論是怎樣的樣式，裡面住的人可是不一般，都是些在學界很有名望的老教授，所以這些樓被稱為教授樓。我路過了好幾幢房子，卻沒能夠看到裡面的景況。一則是我實在不好意思登門造訪，打擾老

古樸典雅的房子前是一大藤的鮮花，爬在牆上，又傾瀉而下。從那屋子裡，一推開窗，就有一兩朵快樂的小花和你打招呼，這多麼讓人心情舒暢啊！

能夠逃避「鴿子籠」那種沒有個性、沒有人情的居住環境，是北大老師，也是更多人的希望。可是這樣的小樓，當然只能讓給最應該尊重和關心的老學者、老泰斗們了。

人們的安寧，也不願意東張西望地窺視，那無疑是對老人們的不敬；二則房子非常之幽深，裡面的主人也太安靜。

這裡的教授樓和北大別處的教授樓不太一樣，顯得更古舊、更平常。我曾經到過燕北園的嚴寶瑜教授府上去，感覺就和這裡很不一樣。

嚴寶瑜教授是西南聯大的畢業生，現在已經年屆古稀了。他精通德文，研究德國的古典哲學、音樂和文學，造詣非凡，是北大泰斗級的教授。雖然年事已高，可他還給全校學生開公選課：貝多芬音樂專題和德國古典音樂賞析。德國的嚴謹和中國的勤勞全被他集於一身，表現得淋漓盡致。北京的冬天又是大風、又是

酷寒，他騎著單車從燕北園趕過來上課，從來不會遲到。我上過他開的貝多芬音樂專題課，深知他對學生要求有多麼的嚴格。像我這樣的懶人對他也一點都馬虎不得，硬是把義大利文的音樂術語和英文的樂器名稱，以及貝多芬十首交響曲每一個樂章的構成都背得滾瓜爛熟，才敢去參加考試。考試完了，還得做一篇專門的論文，分析貝多芬的一首作品，張口就要六千字以上。我的天，一首曲子也就幾分鐘呀！可是嚴教授心平氣和地說，貝多芬的作品多麼博大精深，六千字連個皮毛都寫不清楚。這課上得實在是辛苦，可是過後才知道，真的是受益終身。

　　當時到他府上去，也正是為了交期末的論文。騎著車找了半天，又向好幾個人打聽，才找到他的家。穿過一條修竹夾道的小

燕南園裡也有這樣看起來破破爛爛的房子，可門前開得正歡的花朵告訴我們，主人對這樣帶著懷舊情調的環境有多麼滿意。

舊家門第，才往往讓人往「盛況」上面去緬懷，引誘著想像力去知道並未發生過的舊事。

徑，來到一道垂花門前，看到有一塊舊牌子上面寫著兩個綠色的字——「嚴家」，當時就讓我有點要入侯門的感覺。進了垂花門，看到一座兩層的小樓。走近一看，院門和大門都敞開著。我試探地走了進去，叫了一聲「嚴老師」，卻無人應聲。我四處張望著，密集得有些讓人發暈的門全敞開著，卻沒有見到教授的人影。我只好踏著紅木的樓梯上了二樓，樓梯發出很大的聲響，但卻很好聽。上了二樓，我又迷了路。倒不是因為房子有多大，而是門太多。但瞎闖之下，竟然聽見嚴教授的聲音了——他在和中央音樂學院的一位教授談論韓德爾呢。我不好意思去打擾，心想，改天再來吧。沒想到嚴教授發

現了我，親切地招呼我進去，三句兩句話之後，就和我攀起老鄉來，還說了句重慶話，說他在西南聯大讀書，又在重慶生活過。臨走時，他又真誠邀請我和同學們什麼時候到他家聽貝多芬的精品唱片。

嚴教授的家雖然也很古樸，但終究給人可親、可近之意：小徑、垂花門、小洋樓，不給人幽深的感覺。而燕南園裡的房子，並沒有躲藏在小徑之後，也沒有垂花門擋住視野，就那麼展現在人的眼前，卻反而有很遠的距離。

想來想去，這也許是心理上的因素。因為燕南園已經在記憶中，當年的舊事和舊人已經定了格，因此這個地方總意味著什麼特別的東西。那件東西很久遠、很飄渺，我們把握不住、琢磨不透，卻已經給它披上了神秘的面紗。

玫瑰花園

其實，我誤解了燕南園和我們的距離。她並不只帶著神聖的冰冷，帶著遙遠的靜謐。

燕南園裡的路是很任意的南北東西。不經意之間，一抬頭，看到一座牆上爬著鮮花的小洋樓。一大藤的鮮花讓淺灰色的房子莊重又不失人情味，馬上讓人的心情放鬆了許多。粉色的小花在陽光下閃爍著一種特殊的光芒，顯出大方得體又恰到好處的熱情。我真的以為它們在向我招手，於是不由自主地走進了小樓前的花園。

眼前的景象讓我有些驚訝：多麼熱鬧的一個花園呀！金紅的虞美人，花冠大得驚人，五、六朵一叢，微風一吹，相互之間親

曬地碰碰頭，輕快放鬆地扭扭身，又是嬌豔、又是活潑。籬笆下面，開了一大片淺紫色的花，我也叫不出名字來。肥厚富麗的葉子，映襯花瓣嬌弱的紫花，在陽光之下，十分耀眼，惹得一群蜜蜂嗡嗡地飛來飛去，在花蕊之中忙碌著。一隻白色的小貓趴在草地上曬太陽，草幾乎把牠整個身體全都埋了起來，但是牠毛色的雪白卻怎麼藏也藏不住。小貓睜著兩隻懶洋洋的眼睛，轉過頭來看了我一眼，毫不顧及自己的形象，居然正對著我打了一個酣暢淋漓的呵欠。但馬上，牠站了起來，眼光在追隨著什麼。我回頭一看，原來一隻淺灰色的貓邁著優雅的步子走了過來，一副紳士派頭。也許這讓那隻曬太陽的懶貓有些自慚形穢了，牠趕緊打起精神來站了一小會兒，但沒過多久，又趴了下去。

　　我離開了這個小花園。無意間一回頭，看見一位白髮蒼蒼的老人拄著拐杖從小樓裡出來了。我不知道他是誰，因為對於年邁的老教授，我們學生大都只聞其名，未見其人，這讓我們太容易有眼不識泰山了。我看見老人走進了花園，站在一株長得很高的

在雜草叢生之中，發現了這個不知道是什麼東西的東西。大家一起來好奇一下吧。

垂花門的裡面是精心營造的庭院，主人內心深厚的底蘊就在這一草一木之間閃出光彩來。

小花帶著高貴的紫色，在豐腴的綠色中平和地開著。在平凡中仍能夠保持自己應有的高貴，這是多麼難能可貴。

樓前的小花園裡，老人種的虞美人開得份外嬌豔，旁邊的薔薇和玫瑰也爭氣地鬥著豔，一園的春色。

虞美人跟前，俯下身去，久久地凝視著那金紅的花瓣，臉上似乎有笑容。

　　我不忍心吵到老人，於是默默地離開。順著小路剛走沒有幾步，眼前出現一抹玫瑰紅色，在濃密的樹叢中那樣鮮亮。我有些好奇，走了過去。越過低矮的籬笆，啊，我來到的竟然是一座玫瑰花園。一園子都盛開著嬌豔的玫瑰，香氣撲鼻。在濕潤的泥土上散落著嬌豔的玫瑰花瓣，拾起一片來，上面還帶著露珠兒。

　　我望過去，玫瑰花叢之外，是一戶人家。屋前面是紅色的迴廊，迴廊外有一叢「沙沙」吟唱著的竹子。

　　走近了一看，發現在門前還有一叢美麗的玫瑰，它的後面是一塊太湖石。最有意思的是，在花的旁邊有一個竹籃，裡面盛著些泥土和小石頭。這一花一石一籃，足可想見屋內的主人有何等雅致的情趣。

籬笆影子

　　繼續在燕南園中走著，來到一座門前。我不曾見過這樣古舊的門。木門已經快要朽掉，轂觫也幾乎轉不動了，尤其是門前還有一棵枯死的老樹，更讓人懷疑起自己身處的年代來。

　　穿過小門，走了一段，看到了一排竹子圍成的籬笆，一直延伸了好遠。竹竿有些斑駁，從外望進去，又是一座可愛的花園。籬笆牆的影子投在花園之中，很有意趣。

　　這一片的籬笆實在是個吸引人的事物。剛看過了竹編的圍牆，又見到了鮮花圍住的院落。那一藤的野薔薇掛在生銹的鐵籬笆上，把院裡的房子擋了起來。我正想要把它拍成照片的時候，一位老人出來了。我有些惶恐，怕她譴責我的騷擾。她看到了

推這門時聽到的「嘎吱」聲，才真正顯出它的蒼老來。門前的樹已經枯了，樹幹上卻寫滿了故事和故事中的情緒。

長長的竹籬笆裡是一個寬敞的花園，然而整個花園最有意思的卻是這籬笆。

鮮花爬在鐵欄杆上，讓這「圍牆」顯得多麼嬌豔。

一道只擋乖孩子的柵欄。

我，說：「你應該前幾天來拍，那時候花開得可好看了。我病了幾天，沒想到花跟著遭殃，現在已經不行了。哎，真可惜。」她話雖然這樣說，但卻很為自己的花驕傲，一步一步地踱了出來，說：「肯定拍在照片上會好看。」我得了她的惠允，高興起來，架起了相機。可是老人卻沒有走，站在我的旁邊替我擋住過路的人，一看見有人就緊張地攔住：「等等，這裡在拍照呢。」

　　謝過了老人之後，我又向另一個院子走去。老人在我的身後說：「他家的花開得好看，不過可惜他的籬笆上沒長花。」真的是有點孩子氣的話，不過這讓我原先對燕南園的敬畏突然之間消失了，覺得它親切了不少。

　　這個園子裡的花是開得很豔麗，讓我開始有點懷疑這一園子的教授們，是不是私底下較著勁兒在養花，默默地相互比試著。院子的門用一扇竹子做的小柵欄一隔，隨意得很。院子裡有一棵老樹，

尊老的優秀傳統不僅是對人，對樹也同樣如此。老樹已經支撐不住自己了，好多的鐵桿子扶著它，照顧得「面面俱到」。

看樣子已經老態龍鐘了，而且可能站不穩，在樹的一面用鐵棍支撐著。樹幹上的紋理彷彿是老人臉上的皺紋，述說著曾經的風風雨雨。在燕南園這樣的地方，老樹正好可以安養天年。

高山仰止

「大學者，非謂有大樓之謂也，有大師之謂也。」

燕南園之所以在我們的心中有這樣的份量，甚至籠罩著神聖而神秘的光環，正是因爲我們知道大師在一所大學中的意義。也許平常的學生在北大裡待四年，並不能眞正親得一見心中崇拜的大師，也沒有機會聆聽他們的教誨，但是當我們想到自己和大師們只有一牆之隔的空間距離時，心情是會很不一樣的。他們有一種奇特的光芒，雖然不可得見眞容，但卻能夠實實在在得到普照。這也許聽起來很是玄乎，是的，的確有點，或許這裡面多多少少有些宗教的情結，但卻是在意識或下意識之中存在的。

記得當年百年校慶的時候，終於能夠見到季羨林[5]、張岱年[6]

季羨林

這樣多年都不曾露面的大師了。當時的全校師生就像打了嗎啡一樣興奮，那樣一種感覺不是身處其中實在難以想像。季羨林的那場講座我硬生生地被擠了出來，成了終身的遺憾。但張岱年的那一場，我卻驍勇地從頭至尾目睹了盛況。

記得很清楚，那天張老的講座是七點鐘開始，可是五點多鐘，電教報告廳前面

就等了一大堆人，想要在門開的第一時間衝進去。我六點去的時候，已經只能奮力擠進去了。能容納好幾百人的報告廳一時間爆滿，走道上，甚至講臺上都是人。我心裡擔心著：這麼喧鬧，張老能受得了嗎？再一看入口的地方，水洩不通的人把門堵了個嚴嚴實實，眞不知道張老待會兒怎麼擠得進來。人越來越多，我已經看不到入口了。

　　突然之間，全場一片肅靜。然後就聽見掌聲從門口處如風過蓮葉一般傳了過來，越來越響，到最後眞如雷鳴一般。我找了個縫隙，使勁看過去，只見門口的人「嘩」地分開，讓出一條道來，張岱年在北京圖書館館長任繼愈和著名哲學家湯一介的陪同

5 季羨林，1911年出生於山東省清平縣（現併入臨清市）。著名古文字學家、歷史學家、作家。曾任中國科學院哲學社會科學部委員、北京大學副校長、中國社科院南亞研究所所長。1930年考入清華大學西洋文學系。1935年考取清華大學與德國的交換研究生，赴德國入哥廷根大學學習梵文、巴利文和吐火羅文等。1941年獲哲學博士學位。1946年回國，任北京大學教授兼東方語言文學系主任。1956年當選為中國科學院哲學社會科學部委員。1978年任北京大學副校長、中國社會科學院與北京大學合辦的南亞研究所所長，同時擔任多種職務。著作已經彙編成《季羨林文集》，共有24卷，內容包括印度古代語言、中印文化關係、印度歷史與文化、中國文化和東方文化、佛教、比較文學與民間文學、糖史、吐火羅文、散文、序跋，以及梵文與其他語種文學作品的翻譯。

6 張岱年，別名季同，曾用筆名宇同，著名哲學家、思想家。原籍河北省獻縣，1909年出生於北京。1933年畢業於北平師範大學，後至清華大學哲學系任助教。1935至1936年寫成的《中國哲學史大綱》為中國近代第一部系統論述中國哲學範疇的專著。1937年抗戰爆發，蟄居讀書。1943年任中國大學哲學教育系講師。1944年升副教授。1946年清華大學復校後回清華大學哲學系任副教授、教授。1952年全國院系調整時調任北京大學哲學系教授。1980年起為中國社會科學院哲學研究所兼職研究員。1986年兼任清華大學思想文化研究所所長，並兼中國哲學史學會會長，現任中華孔子學會會長。著有《張岱年全集》等。

下，由兩名風度翩翩的中年攙扶著，走了進來。掌聲一直到他已經落座很久才止息了下來，我看見旁邊的一個男生眼裡激動得淚光閃閃。我的心幸福著，因為我看到了，在中國的青年中，這種對知識的崇拜和敬仰。錢財在這個時代已經成為了評判人的首要指標了，但是仍然有這麼多的人把真理看成是我們終極的幸福！這就是大師的力量，是他們的知識和人格，讓我們在物質世界裡碌碌而生的時候，還能一仰頭看到智慧瑰麗的極光，庸碌和渺小的人類痛苦感被驅散了，平凡的人們也有了為生之為人而驕傲的理由，更有一些被這光芒所感召和吸引的人們，可以走出自己的小我，沿著大師的足跡追尋了去，為人類創造新的輝煌，安慰和激勵再後來的人們。

大師逸事

對於我們絕大多數人，大師是遙遠的，所以他們總是神秘的。其實，在那些走近大師，甚至是生活在大師們身邊的人的回憶中，大師們卻總是些很有趣的人。錢里群教授曾經說大師大都是些「赤子其心，泰斗其文」的人。尤其是當年北大的著名學者們，各個都是性格鮮明的。

人都說北大出怪人，而且普通北大學生身上也都有一種在外人看來與眾不同的「怪氣」，這也許是因為北大曾經出的「怪人」大師就很多，他們的「怪」經年之後仍然在北大流動，今天的學生們一不小心也會沾上些吧。

說起北大歷史上的怪人，首當其衝的便是辜鴻銘[1]了。

先生愛老中國愛得發了狂，卻不幸天生高鼻樑、深眼窩，一頭黃髮，得了個假洋鬼子相。但是他不屈服於自然災害，費心地扮成中國遺老的樣子，頭戴瓜皮小帽，身穿長袖方馬褂，身後拖著一條小辮子，在早已經時興穿洋服的年代招搖過市。

先生精通英、法、德、拉丁和希臘等好幾門語言，寫出來的英文文章能夠和當時的英倫文豪媲美，帶著維多利亞時代的味道，可說是洋派得地道了。但他偏偏看不起西洋的東西，在新文化時期文化西化的潮流下，他卻早已經看透了洋人的東西，反覺得中國的糟粕都比它們有格調，為中國女人的小腳唱起讚歌和輓歌，並且身體力行地捍衛中國的一夫多妻制度。

先生喜歡罵人，又是詭辯、又是幽默，把歪理講正，把正理講歪。有時候完全是當智力遊戲玩，有時候卻真正表達他內心的價值取向和好惡。話說有一次北京開了一個由社會名流和政界大人物出席的宴會，記者採訪他，問中國的紛亂政局如何才能收拾？辜鴻銘開出藥方：「把現在在座的這些政客和官僚，拉出去槍決掉，中國政局就會安定些。」又有一次，他跟胡適說：「我編了一首白話詩：監生拜孔子，孔子嚇一跳；孔會拜孔子，孔子要上吊。」孔會就是當時一個復古的孔教會，一向主張復古的先

7 辜鴻銘（1856～1928），福建同安人，1856年生於南洋，幼年即留學歐洲，接受的是正宗的西方文化教育。精通數種語言。後回國任張之洞的幕僚。主張推行洋務，之後任職外務部。辛亥革命後，應蔡元培的邀請，擔任北京大學的外語教授，講授西方文學。辜鴻銘為人偏激，他自幼就接受西方的教育，但畢生宣揚的卻是中國的傳統文化，甚至終身留著長辮子，鼓吹納妾和婦女的小腳，頗為多數人不齒。但他在學術上的貢獻卻也是不可抹滅的，他將中國的傳統典籍《四書》、《五經》翻譯介紹到西方，大大傳播了中國優秀的傳統文化。

生卻對他們這樣冷嘲熱諷，真不知道他內心裡到底是怎樣的主張。

當時北大的第二號怪人應該算劉師培[8]先生。民國初年的時候，他住在北京的白廟胡同，狠下工夫做學問，以致頗為潦倒。一天，一個朋友來看望他，看到劉先生一邊看書一邊在啃饅頭，在手邊擺著一碟醬油，但他卻一個勁兒往墨水匣裡蘸饅頭，渾然不覺，吃得滿嘴滿臉一團漆黑。劉先生原本就是個名人，進了北大之後又總做些奇怪的事情，於是這「怪名」也就流傳甚廣了。說是劉先生上課從來不帶講義或卡片。空手就上了講臺，但卻能夠旁徵博引，滔滔不絕、頭頭是道。他的才情讓一向為人狂傲不可一世的黃季剛先生也只能乖乖地拜他為師。

提到黃季剛先生，他也算是北大著名的一怪。周作人說：「要講北大名人的故事，這似乎斷不可缺少黃季剛，因為他不但是章太炎門下的大弟子，乃是我們的大師兄，他的國學是數一數二的；可他的脾氣乖僻，和他的學問成正比例，說起有些事情來，著實令人不敢恭維。」

---

[8] 劉師培（1884～1919年），字申叔，號左盦。八歲就開始學《周易》算卦，十二歲讀完《四書》、《五經》，並開始學習試帖試，有《水仙花賦》、《鳳仙花詩一百首》等。1897年起開始研究《晏子春秋》。1907年春節，應章太炎等邀請，劉師培東渡日本，結識孫中山、黃興、陶成章等革命黨人，參加同盟會東京本部的工作，與章太炎等參與民起亞洲和親會，先後發表了《普告漢人》、《悲佃篇》、《辯滿人非中國之臣民》等。1917年被蔡元培聘為北京大學教授，講授中古文學、《三禮》、《尚書》和訓詁學，兼職北京大學附設國史編纂處。1919年1月，與黃侃、朱希祖、馬敘倫、梁漱溟等成立「國故月刊社」，成為國粹派。1919年11月20日因肺結核病逝於北京，年僅三十六歲。其主要著作由南桂馨、錢玄同等搜集整理，計74種，稱《劉申叔先生遺書》。

　　黃季剛學問非常大，但性格卻是暴躁無比，不能容物，狂傲不羈。他在北大講小學，也就是文字學的時候，另外一名教授也講這門課，兩人觀點相左，爭執不休。後來越發激烈起來，黃季剛見自己的觀點占不了上風，情急之下，就要動武，說是要「刀杖相絕」，差點兒在北大裡互毆起來。

　　因為在觀念上的不同，黃季剛和胡適之間也是很不對勁，他怎麼看胡適怎麼不順眼，對胡適說：「你口口聲聲要推廣白話文，我看你未必真心。」胡適不解。黃季剛就說：「如果胡先生你身體力行的話，大名就不應叫『胡適』，而是該改為『往哪裡去』才對。」這還真把胡適給說了個啞口無言。

　　北大的大師中多怪人，但正是因為他們的才氣，才讓他們與常人行為不太一樣。當年的北大學者，大多帶有些名士的風範，沒有逸事那可真就怪了。這樣有趣的人和有趣的事情簡直數不勝數，光是講這些老北大名師的書就有好幾大疊。而北大的輝煌也就正在於她曾經吸引過那麼多學識淵博、特色鮮明的學者們，並且成為了各種思想碰撞、智慧火花閃爍的一片樂土。

8 家事、國事、天下事

北大人可以什麼都不關心，惟獨不能……

三角地

從燕南園的一道小門出來，就到了三角地。

三角地正好處於一個三岔路口。也不知道究竟是在什麼時候，又是誰想出來的，就在路的中間修了一個三角形的小花壇，圍著花壇一周，都是海報欄。到現在，誰也不去關注花壇裡到底長了些什麼樹、什麼草，甚至都意識不到還有這麼一個花壇的存在；因為，舉凡到這裡來駐足的人，連貼了一層又一層的海報都來不及看，哪裡還能注意到別的。

北大的海報欄特別多，在大路旁、食堂前、宿舍樓外隨處都可以見到，但是唯有三角地一處，是散播資訊最毋庸爭議的黃金地段，因為它地處北大的交通要衝，上課下課、上圖書館、去實驗室，大都要途經這條路，所以三角地貼出來的海報總是關注的人最多。

三角地很著名，但這完全不是因為它的長相。在入北大之前，就聽說北大有一個三角地，是資訊的集散地，我以為是製作

喜歡看亂七八糟的三角地海報欄，儘管什麼也不找，但是也總能看得津津有味，因為這裡是校園文化的一個縮影。

五花八門的海報：風雅的茶藝、急切的求租、著名人士的講座、小本經營的買賣，還有吵著、鬧著招「狀元」的，不過招去也是做苦力的多……

精美的海報貼在明亮的櫥窗裡。實際上，要眞是這樣，三角地就沒有原來的魅力了——它好就好在大家都可以來任意地貼他們想貼的東西，這樣，自由的思想和空氣才能在這裡得到體現和張揚。

　　三角地簡陋得很，海報欄是生銹的鐵板，因爲歷史也不短了，鐵板上的銹積了很厚，一摸上去很是扎手。上面貼的廣告也五花八門，有的是做得非常精美的大幅招貼；有的是爲了實用方便，底下帶著撕成一條一條的聯繫方式等奇形怪狀的東西；也有的是簡單樸素的一張小紙；甚至也有的直接用筆手寫在別人海報的空白處——發消息連張紙都不願意搭進去，也眞是經濟得可以。

除了把海報貼在海報欄上外，「資本」雄厚的人士和社團還可以自己做一塊海報板，往三角地的花壇邊一放，同樣引人注目。

　　海報的內容也是五花八門、應有盡有。有的只為表達一己觀點，希望得到別人的同情和回應；有的是直接譴責學校管理上的一些失誤和疏忽，言辭激烈如戰鬥檄文；有的是關於近期講座的通知，一天之中三角地這樣的海報就有好幾份，在學術活動的時節裡，甚至可達十幾份，可見北大講座之甚；有的為了交易，求購著二手自行車、托福准考證和尋求租房資訊；有的是各種培訓班的招生廣告和資訊；還有的打著尋找聯誼宿舍或出遊同伴的幌子，實際上是想尋找機會做浪漫愛情故事的主角，這類的海報一般都做得乾乾淨淨，寫得羞羞答答、遮遮掩掩，但一般情況下三角地的這類海報不多，人們都願意把它直接貼往瞄準男女生宿舍的海報欄裡貼。

　　三角地資訊類型的變化，可以非常好地反映出北大的學生，甚至是中國學生們所關心的事情變化。

　　聽我們老師說，八〇年代的三角地，基本上是個人發表自由言論的地方。學生有了一個讓自己歡欣鼓舞的學術上新想法，或者是有什麼解不透、想不通的思想上迷惑，或者是對時事的評價或預測，都會順手寫個紙條就往上面貼。那時候的北大學生總能夠在三角地上看到很多奇思怪想，一停留就會好大半天才能看得完，每天的話題裡，三角地上的東西總占了很大一部分。學生在此關心著家事、國事、天下事，回顧著歷史，放眼於世界和展望著未來。

　　九〇年代後的三角地就不一樣了，個人思想的小紙條漸漸少了，以至於到現在幾乎絕了跡，而各種招兼職、招輔導班的廣告多了起來，可見北大的學生實際起來了，不像從前那樣把時間花

在自由思想的抒發上，而是忙於求生存了；想辦法多考幾個證書，什麼律師證、會計師證、網路工程師證、商務英語證……，還加上托福、GRE、GMAT，這四年拿來考試都不夠。北大學生漸漸地清楚了我們所面臨的挑戰：清談畢竟不可以興國，水均益、白岩松做的工作，那崗位也是有限的，所以光憑評論時政也成不了氣候。

　　但是無論如何，北大學生可以什麼都不關心，甚至連同學四年的人都還認不完，惟獨不能不討論天下大事，就算是現在大家都現實了，大家都為各自的前途奔忙了，但一旦有時間，最愛話說天下大事。如今北大學生對時事的關心，恐怕不能由三角地反映出來了，因為自從學生宿舍的網路通了以後，北大BBS已經成了北大學生各抒己見的主要管道。這就是科技帶來的變化，北大處於中國文化科技的前沿，又怎能不發生這樣的變化呢？有的八○年代校友到三角地轉一圈，看看上面的內容，無不擔憂地說，北大已經墮入凡塵了，北大學生已經庸俗了。其實這樣的擔心是沒有必要的，上一趟北大的BBS，各種五花八門的見解，恐怕也不會比當年遜色。

黃金地帶

　　三角地的周圍也是非常熱鬧的地方，因為這一段是北大的交通要衝，所以想引人注目的活動，一定得要在三角地這一帶進行。在北大裡，學生們開玩笑時，也會說：「瞧你這個樣子，有本事到三角地去展覽呀！」可見三角地是一個多麼聚焦的地方。

　　三角地的西面，是一字排開的商店，主要是書店。北大的書店不少，我也都知道它們在什麼地方，可是每逢有人問路，我總會糊塗，因為這些書店的名字差別不大，都是什麼「北大書店」、「北大書屋」、「未名書屋」，幾乎沒有什麼分辨度。光是在三角地就有兩家書店。北大裡書店的生意並不是那麼的好，這倒不是因為北大學生不看書，到每年畢業生的跳蚤市場上去看一看，就會明白北大學生不但喜歡讀書，而且往往不怎麼讀專業書，而是雜食動物，讀書讀得那個雜，簡直讓人難以置信。北大學生除了買教科書之外，是不太上北大的書店裡去逛的，因為比起校門外的幾家大書店和圖書城，北大的書店根本不值得一去；尤其是現在

三角地看上去寬敞是因為這時正是上課的時候，如果碰上中午放學，這裡可真是水洩不通。

的北大學生，小資情調■比以前更甚，覺得讀書是一種享受，於是書店的環境就變得非常重要了。南門外面的「風入松」書店、海淀圖書城下的「國林風」書店，還有東門外面的「萬聖書屋」，都是看書絕佳的地方。尤其是國林風書店，曾經一度做了北大的「新書閱覽室」。說來也有意思，大約在我大三的時候，每天只要有機會就往那裡跑，五塊錢泡一壺茶，在書店的咖啡廳一坐就是一天，一邊聽著輕柔的音樂，一邊翻著帶有香味的新書，再不經意地品上一口茶，簡直妙不可言。那時候，國林風大度極了，甚至可以什麼飲料都不要，就可以在咖啡廳裡成堆成堆的霸著書看。尤其是一到期中、期末的時候，趕著做論文的北大學生竟然跑到這裡來，成捆成捆地把人家要出售的書搬到咖啡桌上查起資料來，有的甚至就在這裡開工做論文。嘿，這不是成了北大的校外閱覽室了嗎？不過，現在好像沒有這麼好的福利了。

　　三角地的東南面，是北大的官方資訊欄，展出內容必須要經過北大團委的批示，所以內容大都很主流。不過有的時候，這裡也是很有看頭的，尤其是有一些圖片十分值得一看。有一次展出北大學生「三下鄉」活動的圖片，拍到了中國農村的真實面貌，十分撼動人心。待在象牙塔裡，的確容易把什麼都想得很文學，世間的生老病死、貧窮困頓，全能成為美的風景；於是，一不小心就會不明白到底中國社會的絕大多數人真正需要的是什麼，吶喊

■小資，即「小資產階級」，是一種經濟情況小康、在中產階級邊緣的新興社會階層。其高度的消費能力，讓他們在溫飽之餘能夠追求生活時尚、注重生活品味、提升生活品質，成為一種年輕人崇尚的生活方式。

呼號出來的，都是些精神貴族的離地甚遠、飄在空中，已經哲學和美學處理過的東西。所以，這樣的展出是很有意義的，北大志存高遠，但弄不好就是浮誇的空話，如果那樣，將是多麼不幸的事情。

　　三角地東邊的一條路是黃金寶地，是北大社團招兵買馬和宣傳自己主題活動的地方。幾乎每一天都有新的橫幅在樹幹之間拉起來，不少的社團成員站在路邊擺放的小桌子後，或是直接衝到路中間攔住過路的人散發宣傳資料。不同的社團為了吸引路人，還會放出能夠體現自己旨趣風格的音樂，於是一時間，聽到的竟是各種不同風格音樂的交響：古琴社幽緩凝重的《流水》、體育舞蹈協會的《皇帝圓舞曲》、搏擊協會節奏如瘋狂打鬥的重金屬迪斯可舞曲……全混在了一起。

商家總是不放過北大學生這些潛在的高消費群。這是雀巢咖啡大肆做促銷活動的場景。

社團活動組織得很精心，所以總能吸引不少感興趣的人；也許是因為北大興趣廣泛，對各式的活動都有想瞭解一下的意思。

北大的學生活動總是這麼多，永遠不用擔心無聊，擔心的是顧不過來。

　　提到北大的學生生活，就不能不說到社團。社團文化在北大是非常有特色的。在北大註冊一個社團比過去俄羅斯註冊一個政黨還要容易，因此所有能想得出來的愛好或活動，只要不太有傷風化或帶有政治反動色彩，那麼在北大一定存在著或者存在過這麼一個社團。北大的社團多如牛毛，學校放手讓它們去做自己想做的事情，但同時也任它們自生自滅。於是，就像是在自由市場經濟中的企業，一些被淘汰後就銷聲匿跡了，另外一些卻做得全國聞名。北大的山鷹社就是一個成功的典型，別的社團也不能不服——人家連世界第二高峰都登上去過，怎麼能不引人注目呢！

　　社團一個重要的資金來源就是爭取贊助。這可是個不容易的工作，要從精打細算成本收益的公司口袋裡掏錢，總得費些腦筋。但好在北大這塊牌子還算管用，能幹的社團幹部又有三寸不爛之舌和軟磨硬纏的硬本事，所以這些不能拿到官家一分錢的社團，也能夠成功地做好一些耗資不菲的活動。這樣，北大從社團裡面常常能出一些很不錯的實幹家，也許是它發現了有天賦的人，也許是它錘煉和改造了本不善活動的人，也許兩者兼而有之。

　　北大的社團活動，有的很浪漫、有的很風雅、有的很時髦、有的很艱苦，所以無論什麼樣性格的人，只要願意總能夠找到適合自己的社團。浪漫者如北大的天文愛好者學會，一活動就是看星星看月亮的，所以參加的人中女生比男生還要多；尤其是最近幾年，老天有眼，不時的來一場流星雨，於是天文學會因為組織大家仰望流星去許願而名聲大噪，也積下很多德——看流星雨真不知看出了多少姻緣。風雅的比如古琴愛好者協會，請來中國音樂學院的古琴專家，一群人穿得古風氏族，焚香沐浴後不但可以自居伯牙來聽

北大著名的社團山鷹社，由於已經爬過好幾次七千多公尺的山，把寶潔公司爬得心動神搖，因此決定贊助他們，為他們建了一座平時訓練用的攀岩壁。

山鷹社的訓練很艱苦，首先需要很好的體能，天天晚上跑長跑；其次要攀岩技巧，在這裡訓練時，我們這些外行看上去簡直是不要小命了。

琴，還能在專家的指導下撥撥琴弦，感受一下做子期是什麼味道。時髦的社團，連名字都是洋文，比如「SICA」，就是國際學生交流協會，成天和外國人打交道，到跨國公司裡考察實習，組織的論壇總是討論諸如「文化差異」這樣的時髦話題，一高興，還讓老外贊助著到歐洲、北美逛上一圈。艱苦的社團要算是自行車協會了，他們組織的活動大都是冒著炎炎烈日，騎著腳踏車，一遠行就是好幾千公里。艱苦是艱苦了些，但這種遠足的感覺和身體精神上收穫的益處，卻是圖舒服的人沒有辦法得到的。

百年紀念講堂

　　三角地一帶以紛亂的豐富為特色，但在它的附近，卻是北大的標誌性建築物之一——北大百年紀念講堂。

　　我剛進北大的時候，這裡也有一個講堂，我的開學典禮就是在那個有著破舊屋頂的大講堂裡進行的。當時我覺得有些不舒服，光線很是暗淡，空間也太矮，真不像是北大這樣知名學校的講堂。我的感覺無足輕重，好在李嵐清也有這樣的感覺。他在這裡對著挑剔叛逆的北大學生成功地做了一次報告後，在最後感慨了一句：「北大講堂太破了，該修修了。」話音剛落，全場就響起了雷鳴般的掌聲。於是他就親自主持，責成外經貿部批了四千萬，把這個改建工程啟動了起來。

　　大講堂的建築風格像是一座紀念堂。其實它的功用並不是紀念堂，主要是電影院和演出的劇院，稱之為北大學生的藝術殿堂；說到底，是一個兼具娛樂和舉行大型典禮的場所。

　　大講堂裡面的設施還算不錯，禮堂有兩千多個座位，分為上下兩層，舞臺也設計了升降樂池。禮堂的建聲論證也很嚴格，功能上既是電影院，又是音樂廳。

　　大講堂的二樓是禮堂，一樓是兩個紀念堂，三樓是多功能廳、貴賓室、琴房、化妝室和辦公室，地下室是快餐廳和設備層。

　　據說大講堂是亞洲大學中規模最大、功能最齊全的禮堂，其規模在全國的劇院中能夠排到第五名，這讓我有些不太相信。不過，這是權威的說法，多半是真的。

百年紀念講堂是學生娛樂的好地方，外面的階梯和前面的廣場也是學生們夜裡會友聊天的去處之一。

鑲在講堂正中的「身分證」。

當廣場進行各種大型活動的時候,這些花壇就全都變成了看臺。

大講堂放映的影片都是些大片或經典，但是上這裡來演出的音樂舞蹈團體檔次一般不會太高，畢竟賣不起票價，倒是學生自己的演出非常受歡迎。

　　大講堂放映的電影很有特色，時常做系列的電影作品展覽，因此大多數時候，品味是很高的，而且也能夠看到不少很老的片子。如瑞典著名影片聯展、希區考克作品重播等等，主題突出。在北大，看電影除了娛樂的目的之外，更重要的是把它當作一種審美和影視人文知識的擴充，或者是作為學習外國語言和文化的一個途徑。當然，大講堂也有不少新片上映，而且會按照學生的要求重複放映一些電影。就說《大話西遊》吧，這部幾乎成了北大校片的電影，學生們在電腦上不知道看過多少遍了，但大講堂放映的時候，竟然場場爆滿，一口氣加映了好幾場，後來居然成了不定時回顧的一部電影。這或許就是學生自己的電影院和別處的差別吧！另外一個不一樣的地方，也是和學校的校情緊密聯繫在一起的，那就是電影票價便宜到幾乎是八〇年代的水準——五塊錢能夠看兩部電影！除了在學校之外，天底下哪裡還能找到這樣的好事？沒有辦法，學生總是囊中羞澀的，學校也從來不指望在窮鬼們身上賺錢。

　　大講堂另外還有一個主要的功能，就是作為音樂廳和舞劇院。不少世界有名的音樂團、舞蹈團到北大來演出，包括外國的交響樂之夜、專題音樂會、中國的民樂演出，還有芭蕾舞、外國民間舞蹈等等。聽起來，北大的生活簡直是貴族極了。演出的門票分做好幾個檔次的票價，相應地座位也劃分了等級，這讓學生總感覺到有點不舒服。有意思的是，最高價的票總是賣不完，於是最佳視覺和音響效果的座位常常沒有主人。學生們漸漸摸清了這樣一個情況，因此不少學生總能夠花最少的錢坐上最好的位子。

9 枕書而眠的幸福

在夢裡，紛繁的世界和凝重的歷史展開了

圖書館

　　大學是知識之鄉、學術之鄉，學生最需要的，同時也是大學最重要的設施就是圖書館了。不敢想像，要是大學沒有圖書館會是什麼樣子，因為學生大部分的知識都是靠在圖書館裡自學得來的，很多的學生也喜歡「泡」圖書館，整日在裡面樂而忘返。

　　北大圖書館的前身是京師大學堂藏書閣，建於1902年，是我國歷史最悠久的國立大學圖書館。目前的舊館於1975年落成，總建築面積兩萬五千五百平方公尺。圖書館新館於1998年建成，總面積達到五萬平方公尺，閱覽座位四千多個，總藏書量超過六百萬冊，在規模上為亞洲大學中第一大館。館藏中外主要學科文獻，語種多樣，還有古籍善本、舊報刊、金石拓片等珍貴特藏。目前可利用線上資料庫和光碟資料庫檢索，為讀者提供高效率的文獻資訊服務。圖書館自動化集成系統已在全館範圍內投入使用。「國家教委北京大學文科文獻信息中心」、「『211工程』高等教育文獻保障體系管理中心」皆設於館內。

北大圖書館的館名是鄧小平題寫的。

圖書館外觀壯麗，到北大一遊的人沒有不和它合影的，而且每年畢業生的團體畢業照也大多是以此為背景。

　　北大圖書館向來都是很有名的，不管是在新館建成之前還是之後，藏書量都在全國大專院校中首屈一指。在我剛要起程上北大開始大學生活時，曾經在北大生活過的一位老者叮囑我，一定要好好利用北大的圖書館，說那裡有無窮無盡的寶藏。可惜的是，我並不是一個勤奮的人，又不夠貞靜，所以把這樣的大好機會幾乎浪費了一大半。不過，現在卻總是也學著當年那位老人的口氣教育剛進校門的學弟、學妹們，這讓我有點壞的懷疑起那位老人，是不是自己也沒有好好利用過圖書館？哎，誰叫北大有意思的人和事太多，讓人不太能靜得下來，紮紮實實地泡在圖書館裡呢！

　　北京大學圖書館的前身是京師大學堂的藏書閣。當時正是革新的時候，梁啓超先生提出了「廣集天下要籍，以供士林瀏覽，以廣天下風氣」，藏書閣就在這種情況下應運而生。辛亥革命以後，「學堂」改作了「大學」，舊稱謂的「藏書閣」也現代化成了「圖書館」。

　　北大圖書館作為北大的一部分，自然也和北大榮辱與共。新文化運動的時候，北大圖書館積極引進了各種新出版的書刊雜誌，各種新思想形諸文字後在這裡向外擴散，增加著它們的影響力。李大釗先生任北大圖書館館長的時候，在這裡建立了赫赫有名的「亢慕義齋」，成為宣傳馬克思主義的源頭。西南聯大的時候，北大圖書館和清華、南開的圖書館併在一起。抗戰結束以後，大家又嚴格地分了家。後來北大圖書館吃掉了燕大的圖書館，搬進了燕園。現在到圖書館裡借一些老書，還能看到好多書上都是燕大的收藏章呢。

李大釗為指導「馬克
思學說研究會」的工
作,在北京大學西齋
學生宿舍存放了很多
外文版的馬克思主義
書籍。人們習慣稱這
裡為「亢慕義齋」
(「亢慕義」意為「共
產主義」)。

　　北大如今的圖書館建得的確氣勢不凡。當初建新館的時候,
也頗費了一番周折。最大的問題不是資金問題,香港的李嘉誠出
手就是一千萬美元,北大再想辦法籌集兩千萬人民幣,建這圖書
館就足夠了,因為總耗資是一億多一點人民幣。難辦的還是北大
的整體美感問題。因為圖書館的占地面積也就這麼一片,因此勢

必要建高層建築才能滿足需
要,可是因為它離未名湖太
近,北大很重視未名湖的近
景、遠景的觀賞效果,尤其
是有一批老教授,對此更是
立場強硬,一點妥協的餘地

北大馬克思學說研究會部分藏書,
封面蓋有「亢慕義齋圖書」印章。

都沒有。從未名湖的北岸向南望去，一定會看到圖書館的樓頂，所以如果蓋的是一座現代的樓房，就會把未名湖整體的清代園林風格和美感破壞殆盡。於是，圖書館的設計採取了競標的方法，尤其是樓頂要求甚嚴，最後採用的是民族化的建築風格，主樓採用歇山頂式，取其典雅莊重和氣勢雄偉，兩個配樓用的是攢尖頂式，顯得精巧玲瓏。

北大如今的圖書館是原來的老館和現在的新建部分融為一體，在南北兩側各建了一道護廊，使兩個部分的連接不著痕跡、渾然一體。西面部分是原來的老館，是在1975年時修建的，為當時全國面積最大、設備最好的館舍。

北大圖書館圖書的館藏量是全國大專院校中最大的，而且讓北大驕傲的是，她還擁有很多古籍善本、珍貴文獻、金石拓片和歷史刊物，好多在國家圖書館都查不到的珍本，卻能在北大一睹芳蹤。面對這樣多的書，有時候真叫人有些手足無措，尤其是當我念本科的時候，本科生一次只能借走三本書，那真是很叫人苦惱的一件事情，好書那麼多，卻不得不忍痛割愛掉大部分。現在好了，念研究生的一次可以借上二十本書，本科學生也能借十本書，一到圖書館的總出納臺，總能看到學生們成堆成堆地往外搬書。要不是北大圖書館的書多，這樣大的借閱量，恐怕早剩下個空空如也的大樓了。

在圖書館裡待著真的很舒服。首先是這裡冬暖夏涼，冬天狂風呼嘯、大雪漫天的時候，在外面凍得要死，靠在圖書館閱覽室的大窗臺前，穿著一件薄薄的毛衣，手捧著一本自己喜歡的書，實在是莫大的舒適享受。夏天的時候，天氣熱到讓蟬成天聲嘶力

圖書館的兩側就是用這樣抒情的長廊把新館舊館連為一體的。長廊可以上去，尤其是夏天的夜裡，上面的風很大，可是個納涼的好地方。

南配樓裡是多功能視聽室，上音樂欣賞課就在這裡，裡面的音響效果好，還有大型投影機。地下一層是小錄影室，可以借點想看的電影自己單獨欣賞。

圖書館的老館。如今門前站的是戴著鴨舌帽的女門衛，讓這裡增色不少。

竭地叫喚，但在圖書館裡經常會被中央空調放出的冷氣凍到感冒。我喜歡圖書館的感覺還有一個原因，就是這裡的桌子和椅子都很有書香氣息，全都木紋清晰、木料厚重，坐在椅子上或者趴在桌面上，都有一種恬雅和深沉的感覺。

北大的圖書館管得很嚴，進出大門，一定要檢查借書證或學生證，如果哪一天粗心忘了證件，十之八九是進不去的，除非門衛的心情特別好的時候，會讓背一下學號就放行，否則只好乖乖地回去取。校外單位的人也是可以進去，不過如果不是和北大有過協定的單位，就必須要有介紹函。很多人埋怨北大吝嗇，可這也是沒有辦法的事情，北大把自己收藏的書看得很寶貝；而且，也的確有些人會抱著竊書不算偷的思想。別說外面的人了，就是北大的老師，若是不慎丟了一本圖書館的書，那也得照著十倍狠狠地罰。圖書館一樓大廳的地面很有意思，明亮光滑到可以用來做舞池。好看是足夠的好看，就是一旦下雨天、下雪天，人們的腳上帶些水進來時，就得小心翼翼地防止滑倒。

大廳裡既有電腦檢索處，也有老式的卡片檢索室。現在圖書館都是電腦化管理，因此卡片檢索的地方總是冷冷清清。但是，很多時候，我倒是喜歡進到這裡，翻著一抽屜一抽屜的卡片，看著邊上發毛的卡片上手寫的字跡，完全是另外一種感受。

圖書館一共四層，每一層走廊的牆上都掛著中國畫和世界名畫的摹本。一路走過來都有得看，所以我一上走廊，總是偏著腦袋走路，經常和也同樣偏著頭走路的人迎頭撞上。不過，沒有關係，相互都能理解，於是微笑一下也就繼續偏著腦袋過去。

除了一樓以外，其餘三層都在寬闊的通道兩側設了很多的自

圖書館門前的獅子，是百年校慶的時候，校友們送給北大的禮物。

圖書館門前開闊大氣的草坪，讓這全國大學中最大的圖書館顯得頗有點霸氣。

北配樓是北大高級的報告廳所在地，外國的元首、聯合國的官員和著名的學者們就是在這裡與北大學生見面和交流的。

習座位，每一層樓還有一個很大的自習室，但是自習的座位依然十分不足，逼得好多學生想辦法把書藏在身上，到不允許帶書進去的閱覽室裡自習。在大部分的時候，要想在圖書館占得一個自習的座位是很辛苦的，一大早就得去等著，圖書館一開門就得衝進去，占上一個座位後還得費心思保護它。看學生們中午也不敢回宿舍午休，吃過飯就趕回來，睏的時候就趴在書上小寐一會兒，真正的枕書而眠。北大的學生基本上都練就了坐著睡覺的本事，有的人甚至躺在床上反而入睡困難，倒是頭靠著書，不知不覺就進了夢鄉。

　　有人說北大學生不勤奮，這恐怕是因為看到我們過於活躍，所以不免顯得有些浮躁。但實際上不是，當年考北大時那股拚命三郎的勁頭，只要稍有壓力，又會再次重現。因為北大太自由，沒有任何人來逼你念書，也沒有任何人來要求你參加考試，一切都要靠自己。如果想在北大裡睡四年或閒逛四年，絕對不必擔心做不到，誰也不會管你。但正因為如此，沒有外在壓力的時候，人往往有內在壓力。時常聽到有人帶著罪惡感地說：「這半年就這麼晃過去了，真是的。」人就是這樣，成天盯著你的時候，偷一次懶會覺得很有成就感，可當沒有人監督的時候，偷懶卻只會偷出罪惡感來；閒下來的時候，竟然時常感到的不是放鬆，而是心虛。北大學生就是這樣，要是不想虛度時日，就得給自己加碼，而一旦加碼加成了習慣之後，人就常常處於超負荷運轉狀態而不自知。在圖書館裡自習的這些學生們，通常一坐就是十幾個小時，有的甚至天天如此。自習累了的時候，他們的休息方式除了打盹之外，就是到閱覽室裡看其他的書——念書累了，再看頗為深奧的書，竟然也是一種消遣，這或許就是北大學生的獨特之處吧！

挑燈夜讀

　　北大一個大的缺點就是教學設施不足。教師和學生一共將近三萬人，加上另外還有一些工作人員，規模可算是龐大。北大的校園其實不算小，可是教學區幾乎全集中在燕園的南邊，未名湖一帶是風景區，只能看不能用，所以平時生活、上課，總感覺到擁擠不堪，尤其是教學樓，只恨太少。

第一教學樓正對著圖書館的北側,是北大環境最好的教學樓。不久前,內部進行了大規模的整建,現在的設施很先進了。

　　北大的教學樓最老的可能要數圖書館東面的歷史樓、化學樓、地學樓和生物樓,一字排開是民國風格的兩層樓建築。曾經聽說有人建議把這四座樓拆掉,以高挑而容量大的新教學樓取代。可是,這樣的事情恐怕誰做校長都不敢做,老教授們非死給你看不可。哎,北大要不是有這麼一些真正有歷史感、真正把北大看得如此珍貴完美的老人,她的樣子就不可能還有今天深沉的魅力和內蘊了。所以,現在北大已經習慣了保留原來的建築,從不拆毀,只是花大力氣在內部的設施和裝修上,外觀上就是有改動,也是在一些無關緊要的部分和方面。

一教東邊小花園裡的「振興中華」紀念碑。

　　教學樓中稍微年輕一點的是一教、三教和四教。一個奇怪的
現象是，北大的教學樓和食堂大都是按序號編下來，但編來編
去，都沒有「二」這個數字。食堂沒有「學二」食堂，教學樓也
沒有「二教」。或許是因爲北大喜歡獨一無二的感覺，所以就「無
二」了；不過，這只是我信口雌黃而已。

　　一教在未名湖的岸邊不遠，北邊就是山崖和古樹，因此建得
也是古色古香。經過內部修葺以後，一教的設施很不錯，裡面的
環境也很現代。在一教外面的草叢中，有一塊大石頭，石頭上寫
著幾個大字——振興中華。有人說北大與清華風格迥然不同之處
就在這口號上：北大說「振興中華」，清華說「從我做起」。北大
人喜歡作英雄夢，都想成爲經綸濟世之才，立下匡扶宇宙之功，

教學樓門前的電話亭，一到下課，
這裡就排起隊來。真不知道北大學
生怎麼有這麼多的電話急著要打。

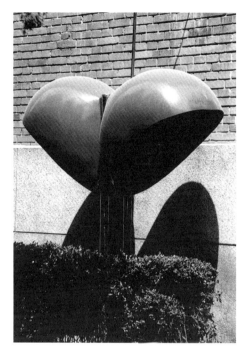

因為學校面積不小，而且總是把前
兩堂課和後兩堂課安排在不同的教
學樓，所以學生大都要騎自行車上
學，好趕時間。這樣，教學樓前總
要留出大片地方來做「停車場」。

處在一片新興建築
之中的三教和四
教，倒是擺出一副
凜然不可犯的老功
臣模樣。

緊挨著三教的治貝
子園，原來也是皇
親國戚的住處，現
在已經被哲學系拿
了去，但它平時開
門的時間很少，裡
面還沒有充分利用
起來。

園子裡面總是安靜
的。時常從三教五
樓俯視這裡，看到
的總是這樣的恬淡
景象，很少有人出
現。

治貝子園外矗立著的老子雕像。老子那種無為而治和崇尚自然，與北大師生們的情趣暗合。

治貝子園門前考究的裝飾。

但心氣太高，於是挫折總是更大，一不小心就會一蹶不振，或消沉下去，或變得憤世嫉俗，或變得玩世不恭。人說北大崇洋西化，身處其中的人最明白，實際上北大的內心是最傳統不過的。北大學生喜歡聽《梁父吟》、喜歡聽《胡笳十八拍》、喜歡中國文人畫，也喜歡中國式的清談。北大的學生，在骨子裡多少帶些中國古代文人的脾氣，特立獨行、自由不羈，總想為國效力，但卻只肯像諸葛亮那樣，一出山就要號令全軍。不過，這種脾氣縱有千般的不好，北大一貫的愛國主義傳統、學生們拳拳愛國的赤子之心，還是萬般動人的。

電教就在大講堂的旁邊，裡面的學術報告廳是學生們經常去的地方，以前張岱年、季羨林等泰斗就曾在這裡辦過難得一遇的講座。

新蓋不久的理科樓群，裡面設施一流。而且，不只是理科教學研究才能用，全校學生都可以在裡面上課和自習。

英傑交流中心是理科樓群的一部分，裡面經常召開各種研討會，外面廣場上也時常停著一排一排的豪華轎車。

理科樓群由很多幢大樓組成，覆蓋了很大一片地方，各樓彼此獨立但又可以相通，所以走在裡面就跟走迷宮一樣。

理科樓群教學樓中的天井，顯得很氣派，是不是？

光華管理學院自己的大樓，裡面有他們自己的階梯教室、多媒體教室、圖書館、電腦室
等等。當然，這些設施都是「專院專用」的。

光華管理學院的後面正對著理科樓群。北大新建的建築幾乎都統一成灰白的色調。

　　三教和四教緊挨在一起，都在北大的東南邊上。這兩幢樓卻不是古式的建築，因為這種樣式只是好看，卻不能夠顧及今天人口稠密的情況，所以需要有鴿子籠般的房子。但它們的年頭也不少了，因此多少顯得有些破舊。但也有一個好處，就是它們一樓的窗戶都很容易打開，因為有的已經年久失修，關不嚴實了，於是正好可以翻窗戶進去。這倒不是因為北大學生有學樑上君子的癖好，而是因為北大的教學樓在中午總要關門，把學生趕出去；而且一到晚上十點多，教學樓就要睡覺了，閒雜人等勿擾。早已經變成了讀書狂的人們卻受不了它們這種閒適節奏，要不就是賴在裡面不走，要不就是踩著自行車，把窗戶弄開，爬進去。有一段時間，三教一樓前某扇窗戶下總有一輛破自行車，後來學校才發現，那是學生搬來做階梯的無主自行車，一到晚上，他們可以翻進去，把三教變成通宵自習室。

　　設施更好一點的教學樓是電教，在大講堂的東邊。當年的電教，在其剛落成的時候，風光了好一陣子，因為那時候它領先潮流，有階梯教室，教室裡配有電視機和投影機，還有各種視聽器材，甚至還有電腦室。不過它衰老得實在太快，如今已經是舊樓一座，樓裡面也顯得很幽暗。

　　新一代的教學樓那真是蓋得沒得挑了，主要是東門附近的理科樓群。裡面的投影機、擴音裝置都是世界上非常先進的，而且採光很好；此外，教室裡因為裝了排氣扇，空氣也不錯。一位曾經在這裡上課，同時在美國大學做特聘教授的老師對我們說：「知足了吧，在美國讀書也沒有這麼好的教學設備和環境。」

　　光華樓也是一座功能先進的教學辦公樓，不過它只是光華管

教學樓外面的草坪和樹叢。時常可以在自習室裡一邊自習，一邊聆聽清脆的鳥鳴，偶爾還會真聽得走了神兒。

這樣的院落在北大可以隨處見到。

這是老教學樓，它們正好處在圖書館和理科樓群這兩幢現代建築之間，其蒼老的模樣顯出可敬的頑固。

理科的教學辦公區總是顯得深邃而神秘。

位於理科樓頂上的天文館觀測用圓堡。曾經在這裡看過一次月亮，沒想到從天文望遠鏡裡看到的月亮這麼亮，讓我眼睛花了好半天。

理學院師生專用的地方。學校底下建立學院之後，每個院都想蓋起自己的大樓，那才眞正有成爲學院的感覺，可是大都不能如願。一是地皮問題，北大上哪裡去找出這麼多地來讓你諸侯割據呢？二是資金問題，要建一座樓不是各院省吃儉用就能辦到的，還得想辦法讓財團來掏腰包，但是北大距離哈佛那樣別人想送錢來還得費老勁的美好狀況還差得太遠。光華管理學院是全校最熱門的專業，專門教人賺錢，所以屬於先富起來的一批是很正常的。不過，在「改革形式一片大好、市場經濟蓬勃發展」的今天，貧富差距在北大各院系之間也越發大了起來。

自由的學風

在北大念書，最大的感覺就是自由，想學什麼就可以學什麼，不想學什麼也沒有人會來強求。

先說上課吧。在北大，有的老師說，上課的時候是「該來的不來，不該來的倒來了」。該來的主要是說必修和正式填了選課單的學生，不該來的是指別系來旁聽的學生和校外的各種人士。北大上課的考勤從來不嚴，要是哪個老師經常點名，學生私底下就會說：「他像個北大老師嗎？」可見考勤寬鬆是北大的悠久傳統。話說當年辜鴻銘的守舊思想不吃香時，上課的時候，教室的學生席上竟然空無一人，可是老先生寧可對著空教室講課，也不會想到抓考勤。直到現在也是，老師們會覺得抓考勤是一件很沒面子的事情，因為靠點名來維持課堂的人，有如變相的承認自己講課水準不夠，所以每當老師點名的時候，他們會解釋：「我只是想認識一下大家而已。」

很多老師大度得很，一開課就聲明，如果有別的重要事情要做，大可以做別的去；上課的時候，想睡覺就趴著睡，注意鼾聲不要太大就行；想走的時候，不要舉手請假，打斷我的思路，輕手輕腳出去就行了。這真是大大便宜了這幫學生了，高興的時候串著門聽課去，一學期能聽好幾門課，發懶的時候就躺在床上睡大覺。這對旁聽生的好處也是顯而易見的，北大的課堂向所有人都開放著，只要願意，儘管去聽。就算是哪天老師發現課堂上有外面來聽課的人，一般都會明確表示歡迎的態度。不過，這樣的自由，對老師卻是一個挑戰。有的課人氣過於旺盛，影響教學的方式，這還算好；另外一些課也許是因為時間安排上的緣故，比

北大正在興建的科技大樓。

北大的南門，正對著北京的四環，它的前面將種起大片的草坪，直到四環路旁。

如說排在早上八點，或者是給心氣浮躁、忙著找工作的大四學生開課，那往往只有寥寥數人出席上課。這樣，老師就得有大的肚量，懷著真正寬容的心了。

　　再說考試。也許沒有比北大更好應付的考試了。文科生哪怕一學期不聽課，到期末的時候借來筆記一複印，花個兩三天狂背一氣，到考場上就能夠洋洋灑灑，答起題來揮毫自如，得個體面的分數一點都不困難。原因是，首先北大老師並不規定什麼標準答案。我們一個老師就說過，學術思想沒有什麼對錯，只有深刻與膚淺之分。所以只要言之成理，能夠自圓其說，就可以了；如果能夠想出一個什麼歪論，再想辦法把它講得有邏輯，那一定是高分。另外，北大老師改考卷的時候，手都很鬆，甚至相傳有的老師根本不改卷。這也是可信的，從前錢玄同先生在北大教書的時候就從來不改卷子，寧可被學校扣了獎金也不改這一個人的「優良傳統」。一位北大老師對他的學生說，在我手裡，你們要想得九十以上的分數非常難；不過，想要不及格就更難了。

　　但是理科生的命運就沒有這麼好了。學校為每一門課規定了百分之五到十五的不及格率，也就是說，每個學期每門課總有人會「掛」，掛了的人就當是為老師完成不及格率的指標做貢獻了。如果遇上「四大名捕」（至於是哪些老師，版本太多）開課，學生能不選就不選，一旦不幸選了，就要有視死如歸的勇氣。不過，我實在佩服北大這些理科生，那麼深奧的東西，一大厚本的公式呀、推論呀，他們居然能在一個學期不上課的情況下，花兩三天搞定，從這一點上北大就應該欣慰了——她招進來的學生的確是天才。

　　儘管環境寬鬆、行動自由，但並不意味著北大的學生真的就是徒有虛名的不學無術之輩。在北大，學生們喜歡夜讀，尤其躺在床上開著應急燈讀書，一讀就到凌晨兩三點，甚至有的人晨昏顛倒，夜幕一降臨就開始讀書，天發白時，放下手裡的書出去蹓躂一圈，回來後倒頭就睡，直睡到下午，爬起來閒晃，吃吃飯、打打球，等著天黑了又埋頭苦幹。所以，打電話到北大的學生宿舍，尤其是男生宿舍，可以在晚上十二點後，但千萬不要在早上九點以前，否則接電話的人不會有好氣。

　　正因為這樣的作息時間，所以常給人錯覺，好像是在渾渾噩噩地過日子。這讓我想到了俾斯麥（Otto von Bismarck），他年輕的時候就是夜裡通宵讀書，白天就牽著他生著惡瘡的癩皮狗滿校園呆滯地閒晃。

一進南門就是北大主要的教學生活區。這是博士生和年輕留校老師的宿舍。破舊是抵賴不了的，但誰讓它在北大呢，多少人想住還住不進去哩。

呵，看吧，我是很會爲北大學生辯護的。拿俾斯麥做比較，多少有點開玩笑的意思，但我卻眞心認爲，晚上讀書容易得到書中眞正的思想，而白天讀書時往往更注意事實。至少我的個人經驗是這樣的。

北大學生讀書的另一個特點就是雜，只要是感興趣的書，拿在手裡就能啃得津津有味。文科學生可以捧著《時間簡史》看得昏天黑地，理科生也能夠把尼采文集背到滾瓜爛熟。也許在文科生身上不太明顯，可北大的理科生和別的理工科學生差別很大，他們知識更廣，社會人文關懷更深切，身上靈性的東西也更多，與他們聊天，甚至都可以完全不去考慮和照顧專業的原因，因爲他們不但知道得多，感興趣的範圍也廣，即便是不知道的領域，他們也會興趣盎然地做聽衆，還能問出相當有水準的問題來呢。我參觀過一個學電腦的朋友收藏的圖書，簡直嚇了我一跳，兩千多本書，幾乎什麼領域都有，讓我明白了他爲什麼總能成爲各種人的好聊伴。

北大學生讀書還有一個特點，就是重思想而輕事實。在北大，要是說誰沒思想，那絕對是讓對方無法容忍的。笛卡兒（Rene Descartes）說：「我思故我在。」北大學生心裡也說：「我思故我北大人。」因此，看完一本書後，收效往往不在於記住了多少事實，而是得到了什麼看問題的新角度。從北大圖書館借回來的書，裡面經常有北大學生做過的批註，有的書甚至有好幾個人的筆跡，批得密密麻麻，有時候看這些批註往往能得到不少啓發。那都是他們在看書的時候，突然之間腦海中閃現的思想火花，匆匆地記錄下來，以防轉瞬之間它就不知去向了。

10 校園中的飲食男女

年少時的笑鬧、放縱和荒唐……

吃在北大

　　北大學生是不太講究吃的，但又總是為吃而發愁。第一是北大人口多而食堂少，一到吃飯的時間，食堂總是十分擁擠，尤其是到了夏天，菜的熱氣加上人的熱氣，吃一頓飯簡直太辛苦；二是北大食堂的菜總是那麼幾樣，天天吃、年年吃，吃到味覺嚴重受創，想到千篇一律的炒馬鈴薯絲、宮保雞丁，就沒有什麼食欲；三是北大學生作息時間不規律，到食堂開飯的時候，往往懶得去吃，過了時間後，又餓得肚子咕咕叫。

　　北大女生減肥成風，所以吃飯的時候總是只要一兩米飯，或者是乾脆吃菜度日，甚至每天只吃一頓飯。到後來，食堂的師傅習慣了，只要女生打飯，就給得很少。當女生看著飯盒裡那麼一點只夠做貓食的東西發愁的時候，大師傅就會說：「少吃點有利於保持體型。」讓人哭笑不得。一次，陪一位畢業好多年的學姐上食堂吃飯，她環顧一下四周，嚇了一跳，說，現在北大女生都怎麼活下來的呀！她們那個時候，全都是吃三、四兩飯，一頓吃

學一食堂正對著大片的男生宿舍，所以只要飯菜可口一點，樣子不美觀沒有關係，反正男生們不講究這些。

學五食堂剛穿上新裝不久。不過它原來就長得挺漂亮的，當年江主席到北大視察的時候，就參觀了它很久。到現在，食堂的顯眼處還掛著當時的照片。

學三食堂也是老字號的食堂，原來的飯菜出名地貴，可自從其他食堂裝修後，它的價錢相比之下倒算公道點的。

面条档新添
陝西涼皮 3元
麻醬涼面 3元
蒜汁涼面 3元
茄汁拌涼面 3元
葱油涼面 3元
炸醬肉丁涼面 4元
朝鮮冷面 4元

湯类柜台最新推
出冰镇系列水果美
冰镇草莓美
冰镇雪梨美
冰镇西瓜美
冰镇菠萝美
冰镇水果红豆沙
冰镇水果绿豆沙
冰镇涝糟
多味奶油布丁
以上每碗均售1元

現在食堂之間的競爭比從前激烈了很多,所以食堂也想辦法推出特色菜,招徠師生們。

學四食堂又叫「燕南美食」,裡面裝修豪華,在實用上的考慮卻差了些。

掉滿滿一飯盆。

　　有的北大學生吃飯乾脆得不得了，根本不把吃飯當做樂趣，就當是往機器裡灌油了。我在最忙的大二時，整整一年，都在同一個食堂的同一個窗口前買飯，一年裡把雞蛋番茄和素燒茄子輪流著吃，因為實在懶得動腦筋了。你別看，每天決定吃什麼的話，呵，「To eat or not to eat, it's a question.」eat 什麼，也是一個深奧複雜的問題，乾脆就把選擇的餘地縮到最小，精神和腦力的解放就會越大。

藝園食堂的樓上就是藝術系和藝術活動中心，所以北大舞蹈團和樂團的表演，風俗性和世俗感強，缺少空靈和飄逸，也許都是被這油煙給燻的。

新建的農園食堂是
北大最奢華的食
堂，一口氣修了四
層樓，裡面的菜看
得我們這些饞鬼眼
花撩亂，貴得讓我
們這些窮鬼觸目驚
心，少得讓我們這
些餓鬼大跌眼鏡。

家園餐廳的設施和管理都不
錯，地段又好，加上是唯一
一口氣開到晚上十點多的食
堂，所以生意總是很好。

師生緣咖啡廳是同學們聊天和接待朋友的去處，裡面的牛腩飯做得不錯，屢試不爽，值得推薦。

　　北大學生都不喜歡食堂，而且最害怕食堂裝修——裝修一次，那菜價包準得暴漲一次。農園食堂是北大目前最豪華的食堂，裝潢得又氣派、又明亮，還很洋派地設有自助式的買飯方式。可是北大學生叫苦連天，說是這個食堂用煙灰缸那麼大點的碟子盛飯，一個男生吃了八碟，光吃飯就花了四塊錢，卻沒有吃飽。但無論如何，北大只要有個吃飯的地方，無論它的菜有多貴、多難吃，總是不會擔心沒有足夠的食客。這就是人口問題的一個生動體現。

　　但是，北大學生雖然不滿意食堂，但卻對食堂裡的人和物非常友好。一個很具有說服力的例子，就是他們為了北大食堂大師

師生緣開了好幾處餐飲中心。這一處起名「小松林」，賣些套餐，懶得到食堂挨擠的人可以到這裡填肚子。

北大學生喜歡夜裡出遊邀飲，所以餐館抓住商機，搭起了大排檔的棚子。

在留學生樓不遠的草木掩映之中，一整排的餐館，統稱「園中園」，八大菜系好像都有，還有韓國風味。到了夏天，也利用地理優勢擺起大排檔。

傳的榮譽而編出來的段子。當時清華的學生傳出表現他們的大師傅英文不錯的故事，北大學生馬上就舉出北大大師傅國文功底雄厚的例子。說是一個學生上食堂打飯，問大師傅一道菜的名字，大師傅緩緩道來：「辣子雞丁。」學生問：「辣嗎？」大師傅答：「不甚辣。」學生仔細打量那菜，說：「可惜雞丁太少，辣椒太多。」大師傅優雅地舀了一勺菜，送到眼前端詳一陣，搖頭說：「辣子與雞丁孰多孰少？費思量。」學生再次強調：「辣椒太多。」大師傅正色道：「多乎哉，不多也。」

北大學生吃飯的另一個特點就是特別喜歡上小飯館喝啤酒，尤其是北大男生，這啤酒一定是少不了的。沒有了酒，既沒辦法做才子（注意：現在的才子、才女、文學青年等詞都是罵人用的），也沒辦法裝名士。所以有錢的時候，呼朋喚友，深更半夜跑出去喝酒聊天，醉到東倒西歪又相互攙扶著回來；沒錢的時候上不了飯館，就買上幾瓶啤酒、一袋花生，找個幽靜的地方把酒臨風，自得其樂或幾個人一起裝一會兒瘋，也是很酣暢的一件事情。

北大男生酒興來了的時候，是妙語如珠的，擺起龍門陣來，一夜都不夠，於是北大三角地的飯館就因此通宵營業，一到晚上，生意之好，就不用說了。屋子裡坐不下，在外面擺上幾張破爛桌子，服務小姐忙到半個小時也不來應付你，拿盤、拿碗全要自己動手。

一位外籍教師看到這樣的盛況，很有感觸的說：在歐洲，清教國家像英國、荷蘭，人們吃飯飛快；在法國、義大利這樣有情調的浪漫國度，一頓飯往往能吃五、六個小時。大概北大學生也是那浪漫和有情調的一族吧。

斗室之中

　　北大的學生宿舍全集中在西南一片，除了位於邊緣上的研究生宿舍和新蓋的光華管理學院學生宿舍以外，其他的房子都蓋得一模一樣，所以來訪者在北大找宿舍，經常都會找得糊塗到迷了路。剛從昌平園區搬回燕園的時候，我住在三十一樓，可是大約有兩三天，我出了樓門就迷糊。有一次下課回來，走到這一片，發了傻，一看都是一樣的房子，分不清楚了，張口就問一個過路的學生。她驚異地看著我，說：「你身後面不就是了嗎？」

別弄錯了，這可不是女生們開的洗衣房，而是專為女生洗衣的小店。唉，現在的女生呀，別指望她們將來做賢妻良母了，連衣服都懶得洗喲！

女生們喜歡在宿舍的窗臺前養上一兩盆自己喜歡的植物，一旦哪盆裡開出了花，那個高興勁兒，跟GRE考了2390分一樣。

宿舍被綠蔭包圍著，下雨的時候，站在窗前，能夠聽到雨打在樹葉上發出的「沙沙」輕響。

想不想參觀男生宿舍，還是參觀一下宿舍樓就可以了？至於裡面，為了不破壞心中北大男生的光輝形象，還是不要參觀比較好。

單身教師宿舍的大院子內。北大的老師大都比較清苦，尤其對年輕人來說，要熬住這樣的清苦，只有那些對學術真正熱愛的人才能做到。

北大據說有一幢女生宿舍樓被人們稱為「公主樓」，那自然是說這幢樓的女生長得最好看了。可究竟是哪幢呢？問住在不同樓的女生能得到不同的答案；而問男生呢，答案也不一樣，那要看他們的女朋友住在哪裡了。

光華管理學院自己的學生宿舍，設施是其他宿舍不能比的，但是得多交住宿費；想到後一點，讓人心理平衡些。

研究生宿舍樓在北大校園的西南角，忍受著外面街道上的各種嘈雜。研究生擴招之後，又建了一幢新宿舍樓，可是還是解決不了日益嚴重的「房屋短缺」問題。

研究生宿舍樓。

在四十五樓甲新開的一家超市,「填補」了北大無超市的「空白」。

沒有辦法,風雅散漫的北大學生,仍然要和常人一樣拎著開水瓶到水房打水。只不過,有男朋友的女生,和沒有女朋友又可以不用開水的男生,則完全不必光顧這裡。

學校有多處報刊亭。北大學生對外面的世界，比對北大裡面的事情要關心得多，問他們誰是學生會主席，問一百個能有一兩個回答上來就不錯了；但如果問海地的元首是誰，那正確率就高得不得了了。

而且，北大宿舍大樓的編號也很有意思。沒有什麼一號、二號的，直接從十六開始，一直編到四十八。而且那順序完全是顛三倒四，有的按逆時針排，有的按順時針排，有的從東到西，有的從西到東，有的又是南北走向，要想從裡面找出一個總體的規則來，那簡直不可能。也許這也是自由隨意校風的體現。

北大的宿舍擁擠不堪，本科生六人住在一間十來平方公尺的小屋裡，研究生也得四個人同住。尤其是平時大大咧咧的幾個人住在一起，宿舍裡那個亂勁兒，連下腳的地方都沒有。不過，一些很有情調的女孩子也能把自己的床和宿舍佈置得很漂亮，窗前也養著些花，一副家居味道。

北大宿舍有一個特點，就是絕大多數學生都會用厚厚的布簾子把自己的床四面八方地遮起來，這在很多學校是不允許的，即使沒有禁令，學生也不會想到。據說，北大學生扯簾子的習慣有

著悠久的歷史。還在沙灘的時候，北大學生之間的心理距離很大，同住在一間宿舍裡，卻用布簾子劃出幾個獨立的空間來。幾年後畢業了，彼此都不相識。

當然現在的北大學生雖然也不是很喜歡親密的交往，但遠遠沒有當年那麼極端，只不過每個人都很渴望有自己的天地，所以這種空間的分割對北大學生來說還是很重要的。

北大學生之間的關係很有意思，相互之間可以促膝夜談，從天下大事談到個人情感，彼此也很能相互解讀，但是在心理上的距離始終是遠的，沒有那種在中學的時候可以如同兄弟姐妹的親切。也許今天晚上兩個人談到抱頭痛哭、惺惺相惜，第二天見面的時候反而有些尷尬和不自在，相互之間生疏到點頭而過。這究竟是為什麼，我實在是不知道。每個人都害怕孤獨，卻都不願意放棄孤獨。

比較熱鬧的還是女生宿舍的門口。這裡總是有些男孩子，又是獻微笑、又是獻鮮花、又是獻勞力。在北大，人說有法國式的浪漫，白天、黑夜，隨處可見熱烈擁抱和忘情親吻的人們。剛到燕園的時候，很不習慣，每遇上這樣的情景總是反倒自己不好意思，繞了遠走；後來習慣了，也學著學長、學姐們那樣，視若無睹地和他們擦身而過，彼此都不覺得尷尬。就連老教師們遇上大路中接吻的男女，也好像沒見到似的，逕自從旁邊走過。有一次，在三十一樓和二十九樓之間的一個小路口上，一對男女擋在只容一個人通過的路中間，長久地擁抱著。一個學生的車正好停在男生的身後。為了不打擾他們，她竟然在旁邊站了有十來分鐘，等著他們倆的今日告別儀式結束。

破破爛爛的自行車

　　燕園裡的自行車是一大景觀。學校太大，沒有自行車，只靠徒步行走很不方便，於是幾乎人人都有一輛自行車，學生和老師大都騎著車在校園裡奔忙著。教學樓前、宿舍前、食堂前，隨處可見自行車。

　　北大的自行車最大的特點就是破。誰也不敢買新車，因爲車漂亮了，太顯眼，前一天買來，第二天八成就丟了。大多數人都是買二手車，而且幾乎從來不擦它。只有沒有經驗的新生，才會興沖沖地買來新車，很有些愜意地在校園裡「兜風」，剛騎過就趕緊擦得亮晶晶的，但過不了幾天包準你欲哭無淚。北大偷車的人又好玩、又大膽，經常從這一幢宿舍樓偷來賣到那一幢，有時候甚至就地賣出去。因爲車被偷得多了，而且一定會有很多人同時和你遭殃，所以北大學生心理承受能力很好，反正是身外之物，說不定「破財消災」，丟車保平安呢！

　　原本北大的自行車放得是亂七八糟，尤其是在宿舍和教學樓，上千輛自行車堆在一起，而且隨時會被挪動位置，要想從裡面辨認出自己的自行車不容易，要想殺進重圍，於千輛車裡將它取出來，更是令人不敢想像。可事情就那麼奇怪，學生們都能很順利地找到自己的車，而且能夠輕而易舉地取出來，這不能不算本事。後來，學校修好車棚，又派專人監督自行車的擺放，車找起來、取出來容易多了。可是有的人卻很不滿意，說是現在找自行車時，那種「驀然回首，那人卻在燈火闌珊處」的驚喜都沒有了，順利到乏味。

與天鬥、與地鬥、與人鬥、與自行車鬥，其樂無窮。可如今自行車都放整齊了，原來的樂趣少了很多。當然，好處是省下了與自行車鬥的時間來出神發呆和睡大覺了。

鍛鍊體魄

　　說是北大有不重視運動的傳統，這一點應該是所傳不虛。運動是需要強迫的，否則不會有人說運動就是在疾病折磨自己之前的自我主動折磨；因此，若不是因爲一度的強迫而形成自虐的習慣，運動鍛鍊要堅持下來，是一件不容易的事。畢竟人最舒服的狀態是躺著嘛，根據力學原理很容易證明這一點。

　　曾經在大一的時候被要求過晨跑。那時候剛進校不久，倒還老實，若是要求高年級的學生跑步，除了被臭罵，大概什麼效果也沒有。開始的時候，我們還真起個大早跑步。也不知道是誰受了哪位高人的指點，開始想辦法逃，於是就蔚然成風起來，晨跑成了跑與不跑的貓捉老鼠的遊戲。因爲貓本來就有口無心，老鼠又夠刁滑，最後晨跑就不了了之了。

北大的第一體育館，坐落在未名湖的東岸，正好臨著湖水。從外面看，是不是怎麼也看不出來這居然是體育館？

北大學生總是淘氣
的，鍛鍊之餘，也
不忘揮毫在牆上作
畫一幅。不過，這
個梨娃娃倒是很可
愛。

玩夠了足球玩棒
球，只要是新鮮
的，沒有不像這樣
專注地學、這樣肯
吃苦受累地練。

第二體育館在靜園草坪南端，也是古色古香的建築，可裡面的設施卻很現代。它的東邊
是露天的籃球場，南面是露天器械健身的場地。

五四體育館整建之
後，曾做過世界大
學生運動會的比賽
場館，接待過來自
世界各地的大學生
運動員。

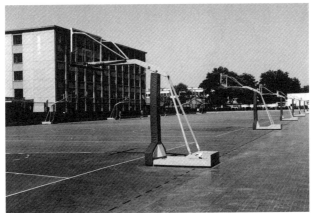

五四運動場不久前
才鋪上了塑膠，現
在在上面打籃球感
覺和從前都大不一
樣了。

位於學校東南角的
五四運動場是北大
最大和最好的運動
場。

學校鼓勵學生運動，所以在宿舍樓下也設置了乒乓球桌，讓大家適時運動。大家也很領情，這些臺子平時罕有空閒的時候。

　　在北大，強迫性的身體鍛鍊僅限於兩年的體育課，而且要求也不苛刻，輕輕鬆鬆就能過關，然後大部分的人就終身和八百公尺、一千五百公尺的長跑告別了。但是，北大有一項要求是很嚴的，那就是游泳，每個人都必須在深水區通過五十公尺的蛙泳測試，否則不發學位證書。據說這是因爲游泳是北大的傳統項目，但我眞不知道，這傳統是在哪裡開始發源的。

　　如今的北大學生比從前要愛鍛鍊許多。在第一、第二體育館門前的足球、籃球場上，深更半夜了還有人在踢足球、打籃球，白天五四運動場開放的時候，人也是很多的。北大還有一個設施不錯的網球場，也常能看到陽光下穿著網球裙的健美女孩和瀟灑自如的男生在這裡對練。一到晚上，從九點到十一點，也總有大批的人一邊聽著音樂或新聞，一邊在操場上、未名湖邊和靜園草

坪外的路上長跑。

當然了，現在大家都知道，不鍛鍊體魄不行啊！身體是思考的本錢，身體是自由的條件。

北大男生

北大的男生有幾大特點，按照欲揚先抑的方式敘述如下：

首先，不修邊幅是一大特點。北大男生在穿著打扮這一點上，大都學了朱光潛老先生。只要是件衣服，胡亂穿上就可以了；只要是個髮型、只要不剃成陰陽頭，那問題也不太大。這樣有一個好處，就是白面小生和油頭粉面的偽君子很少見到，但也有不好的地方，就是把本來生得不錯的底子蹧蹋了，還讓越來越重視外表的女孩子們不容易找到養眼的對象。怪不得有一次在一個學院的新年晚會上，四個女生一起悲憤地唱起了：「我——沒有——男朋友，因為北大——無——帥哥——」。

其次，是非常自信。拿容貌來說吧，沒有一個男生不覺得自己帥。說是有一天，四個男生在前面走著，忽聽後面叫了聲：「帥哥，等等，我有事跟你講。」四個男生同時回頭，問：「你是叫我嗎？」另一方面，他們對自己的眼光也非常自信，敢於跑到女生面前去柔聲細語地說：「長得醜不是你的錯，可是出來嚇人就是你的不是了。」

再者，是容易苦悶。北大男生普遍鬱悶，已成習慣，時常有懷才不遇的感覺。因為北大裡能人太多，欣賞自己都來不及了，哪裡有工夫去肯定別人？老師們又對自己學術的興趣遠甚於發掘

人才，所以一個人不太容易在這種環境中獲得成就感。這對於庸碌之輩，倒也並不是什麼痛苦的事情，但是於北大才子心中，這實在叫人不堪忍受。男人天生渴望成就感，可在北大卻時常會誤以為自己已經頹廢掉了，因為沒有觀眾，更無人喝彩。

第四，是有名士風範。北大男生大都有雄厚的知識資本作為狂傲不羈的前提。坐議立談，隨時可以滔滔不絕，發揮得好的時候還能妙語如珠，帶點伏爾泰的幽默和犀利。生活上也能夠超凡脫俗，比如說有的男生就可以四年不上開水房打一次水，還能做到絕不偷竊別人的開水。平時的娛樂也邪而不壞，頂多是喝酒買醉之後上未名湖撈月亮，在神智不清的時候也絕不會做出摧殘動植物的事情來。尤其是有的男生發酒瘋也能發得很有水準，一味地口吐英語，又是演說、又是歌唱，一個中文字都不會講了。

第五，是國家的棟樑。這一點不言自明，因此不用費口舌了。

北大女生

北大女生也有幾大特點，採取先褒後貶的順序論述如下：

首先是對自己要求嚴格。北大女生都是一些知道「君子之學，以美其身」的人，志向沒有男生大，但也不俗——努力讓自己向完美的理想狀態靠近，這不是人類全體的終極願望嗎？北大女生見識長，頭髮更長，能夠不怕麻煩地留出一頭青絲，校園裡隨處可見長髮飄飄淑女打扮的「美女」（取網上名曲《交大無美女》中的名詞）。北大女生讀書消耗大，但補充的能量卻少，嚴格控制著飲食，動輒就要減肥，這樣的好處就是，在這裡到處都是纖腰

一握的女子。北大女生成天上課忙得不可開交，還一定能抽出時間去跳健美操、學芭蕾舞，疼得眼淚直流還要努力開胯下腰，爲了舒展的姿態吃盡苦頭。

第二是爭強好勝。北大女生平時說起話來溫婉可人、禮貌有加，可是一旦在課堂上，那副巾幗不讓鬚眉的樣子，和平時判若兩人。手勢舉得鏗鏘有力，語氣擲地有聲，激動的時候，還會突然之間高了八度，嗓音尖利，而且還好用反問語氣，那咄咄逼人的氣勢，讓人汗顏。北大女生普遍比男生勤奮許多，每年的獎學金大部分都被她們給拿了。而且，她們當中的社會運動家也不少，學生會裡和社團裡，到處都有女孩子在發號施令，頤指氣使的神態頗讓男生吃不消和反感。

第三是眼光太高。北大女生因爲對自己要求嚴格，所以施己及人，對人和事都不免要求甚嚴。再加上青春年少，正是女生最美麗的年齡，所以也常常對同年齡的男生們不屑一顧，因爲男性的黃金檔是在中年。這樣，不少自身素質很高、條件相當不錯的女生，反而總是顧影自憐，身旁沒有人護駕護花。

第四是有些虛僞。女孩子太聰明恐怕不是一件太好的事情，在北大就是這樣。女生和女生之間也常常無法做眞正的朋友。北大的女孩子們都太乖巧，說起貼心的話來、做起體己的事來，往往不偏不倚，正中人的心坎。但或許是太善於此道了，往往相互之間的距離遠了，信任也不容易建立起來。畢竟北大女生也是女生，常會把背地說人長短作爲一種娛樂和休閒的方式，而且說起來的時候，往往裝扮得很客觀、很中立，還會上升到理論的高度。

第五，不言自明，也是國家的棟樑。

11 讀你千遍也不厭倦

再看你一眼，永遠的未名博雅……

我們精神的故鄉，是我們出發的地方，也是我們最後的歸宿。

沒有未名湖就沒有北大人靈慧的悟性，沒有博雅塔也就不會有北大人深沉的理性。無論走到哪裡，我們的感情依賴著未名湖的湖光，我們的思考帶著博雅塔的影子。

北大到底是女性的，還是男性的？這裡有飄忽的空靈，又有凝重的沉思；有閒雲野鶴的逍遙，又有江湖之遠的憂慮；有波光細柳的柔情又有熱血沸騰的吶喊。

已經是夕陽西下了，已經是初夏時節了，畢業生們情感脆弱的時節又要來到了。

未名湖還是那樣寧靜溫柔，一任晚霞的金暉在湖面上飄忽不定地跳躍，就好像她啟迪著，也包容著天馬行空地思考著的青年們，在這片美麗的園地裡，自由地揮灑自己的思想和智慧，儘量發現那些不成熟見解中的火花和光芒。你培育了北大人不太招人喜歡、帶著狂放的才氣，只有你最能欣賞他們放縱大膽的言辭、笑鬧不羈的態度和無邊無際的浪漫，也只有你才真正用一顆同情而真誠的心，在聆聽北大人對著天與地、對著遠古與未來、對著

無，說出的難解話語和得到的莫名情緒。

雅塔還是那樣莊重肅穆，帶著些許的神秘感，把那夕陽的
斗落了下來，樣子顯得有點模糊，卻更加凝重。半輪新月若
吞無地掛在博雅塔的一層塔簷上，顯得有些清冷，又有些孤
ʃ。博雅塔，也許只有你才能解讀這樣的孤獨，因為你已經看得
太多、聽得太多了。你知道思考讓人孤獨、孤獨讓人美麗，而這
樣的美麗是要付出什麼樣的代價；就像你一樣，站在已經降臨的
夜幕之中，只有一點遙遠的月色與你作伴，這樣日復一日、年復
一年，直到有一天你真的老去、直到有一天你從這詩意的湖畔消
失。北大人的心與你一樣，無可改變的一樣。

夜色已經漸漸濃了，未名湖和它周圍的一切都隱退到深沉的
黑暗之中了，遠處傳來一陣陣飄渺的笛聲，帶著淡淡的憂傷。我
看到湖面上的漣漪在輕輕地蕩漾，那是未名的情緒。我的心與她
在同一個節奏上，我知道她懂我，但我卻真的不敢狂妄地說我也
能懂她。

順著岸邊的路再次信步走著，我聆聽著空氣中傳來隱隱的言
語。是誰在和我訴說什麼？是微風帶來的古老故事？是湖水娓娓
敘述著曾經的傳說？是輕搖的柳枝在低吟哲理的詩篇？是沉靜的
岸石在默念著風雨如晦年代裡的光榮與悲歌？是年年枯榮的小草
在感歎著時光的流逝和歲月的沉澱？或者真的是北大的青年在對
著這一湖的夜色，說著自己在理想與現實中的矛盾、在思考與行
動中的失衡、在茂盛與枯萎之間的恐懼？……

北大，說不盡、道不完，從這湖光塔影中開始，又在這湖光
塔影中劃上一個沒有任何完結意義的句號。